プレゼンス

安らぎと幸福の技術

第1巻

ルパート・スパイラ 著
溝口あゆか 監修
みずさわすい 訳

ナチュラルスピリット

PRESENCE: Volume1
The Art of Peace and Happiness
by Rupert Spira

Japanese translation published by arrangement with
Non-Duality Press through The English Agency(Japan)Ltd.

監修者による序文

　二年前の六月、私は初めてルパート・スパイラのミーティングに参加しました。ロンドンのノッティン・ヒル・ゲートにある個人のお宅で開かれたもので、三十名ばかりがところ狭しと座っていました。その約一年前ぐらいに悟りの一瞥体験をした私は、体験によって知ったことをさらに深めたいと、良いティーチャーを探し求めてあちこちの非二元のセミナーへ出かけていたのです。遅く到着したにもかかわらず、一番前のソファが空いており、私は目の前でルパートの話を聞くことになりました。

　悟りの話は、真実に近づくほど言葉がついていかず、ルパート自身も、「もし、真実だけを伝えたかったら、黙っていたほうが良い」と何度か口にしていました。にもかかわらず、真実へと導いていく問いかけのシンプルさ、話のわかりやすさ、妥協のなさ、明晰さに、私はすっかり心を打たれてしまったのです。

　それは、他のどの有名なティーチャーよりも、私にとっては群を抜いているように思えました。その後、イギリスで行われたリトリートにも参加し、頭ではない真実への理解をさらに深めることができたのです。

それはひとえに、ルパートが「ダイレクト・パス（Direct Path）」、または「ダイレクト・エクスペリエンス（Direct Experience）」と言われる流れを汲んでいることにもあるでしょう。それは、悟りとは何か、とか、どんなものなのか、または真のあなたは無限の愛であるといったような話をするだけではなく、参加者に自分自身の直接経験から真実を見つけていきましょうと促し、経験を見つめる問いかけを多くします。

そのため本書も、普段の自分の経験を見つめる記述が多く見受けられます。そういう意味では、今までの悟りの本とは一線を画しているかもしれません。そして、実際に読み進めていくなかで、読むだけではなく、同時にルパートが問いかけるように自分の経験を徹底的に見つめてみるという読み方もできると思います。

そのように理解を深めていくためにも、皆さんに読んでいただく前に、いくつか言葉の解釈が役に立つかもしれません。というのも、本書に使われている言葉がある意味シンプルなだけに、逆に日本語として的確な言葉が見つからず、苦肉の訳という部分もなきにしもあらずだからです。また、ルパート自身がいわゆる通例の書き方を使用していないということもあります。

例えば、本書に頻繁に出てくる「our self」という言葉があります。通常大文字で始まるSelfは、日本語でいう「真の私としての自分」、小文字のselfは、「自我としての自分」というように区別されています。しかし、ルパートは、「our self」のselfを「真の私」の意味で使用しています。このような本に読み慣れている読者さんは、解説なしでもきちんと読み取ることはできるでしょう。しかし、非二元に最近興味を持ち始めたという方もきっとおられるでしょう。ということで、念のために簡単な言葉の解釈を次にまとめて記してみました。


私たちの自己（our self）→真の私。

自己（self）→真の私。

現存（presence）→いまここにある。

気づいている現存（aware presence）→今ここにある気づきの意識。常にここにある「私がある」とわかっている意識。私たちが毎日知っている最も身近な意識。他にconsciouness、awareness、Knowingという言葉も同義で使われることが多い。

心（mind）→思い、思考、考えるという行為全般。

私たちの存在（our own being）→私があるということ。個としての私の存在ではなく、真の私がただある（I am）というシンプルな意味。

分離した自己（separate self）→分離していると錯覚している自己、つまり自我、エゴ。


このように注釈を書きながら、なぜルパートは、通例のように真の私を大文字にしないのだろう？　と私はしばしば考えました。それはおそらく、大文字のセルフ（Self）にしてしまうと、多くの人が普通の自分の意識と違うものをイメージしてしまうからなのかもしれません。

というのも、真の私とは、ルパートの言葉を借りると、「あまりに身近なため、多くの人が見過ごしてしまう。見過ごすという言葉さえ適切ではないぐらい、真の私とは（見過ごせないほど）最も身近な意識」だからです。

さて、現在、アメリカやイギリス、ヨーロッパで非二元のティーチャーとして大活躍のルパートですが、それ以前は、陶芸家として名を知られていました。日本でも展覧会を幾度か開催し、大の日本びいきだそうです。「路地にあるお店なんて、イギリスだったら、そんなに大した料理を出さないけど、日本は路地裏の小さなお店の料理でもものすごく美味しかった」と私に話をしてくれました。

そして、二年前は個人宅で開かれていたミーティングも、今や人が入りきれず、場所を変えて二倍以上の人がいつも集まるようになりました。とはいえ、ルパートは何百人、何千人というフォロワーが集まるティーチャーではありません。しかし、グルとフォロワーといった関係ではない、もっと気軽な先生と生徒、いえ、友人とも呼べてしまうような関係に私は心地よさを感じています。

この本を手にしているあなたが、真実を心から求めているのであれば、これはあなたにとって最適な本であるはずです。自分の最も身近な経験、思考が混ざらない純粋な経験、生で直接的な経験から見えてくる真実を、ルパートが投げかける問いから共有することができましたら大変嬉しく思います。

溝口あゆか

もくじ

Part 1

私たちの本質

Part 2

平安、幸福、愛について

Part 3

分離した自己の源

Part 4

体

Part 5

世界

Part 6

体験

「オルフォイスに寄せるソネット」より

ゆたかな果肉にみちた林檎《りんご》よ、梨《なし》よ、バナナよ、
スグリよ……これらは皆、口へ入れると
死と生とを語りかける……予感のように……
くだものをたべている子供の顔から

それを読みとるがいい。それは遠いところから来る。
ゆるゆるときみらの口の中が名づけようもないものになってはいかないか。
いつも言葉のあったところに今は新しい発見が流れる、
驚きのようにふと果肉から溢《あふ》れ出たものが。

きみたちが林檎と呼ぶものを思いきって言ってみないか。
このうっとりとした甘さ、舌の上でそっとかき立てられ、
今ようやく濃さを増し、

めざめ、浄《きよ》らかに、澄明《ちょうめい》になり、
二重の意味を持ち、陽差《ひざ》しに充ち、大地のように、この世のものとなり――
ああ、この経験、感触、歓喜――なんという大きな！

ライナー・マリア・リルケ
（高安国世訳『リルケ詩集』岩波文庫より）

はじめに

チェリストであるパブロ・カザルスは、三十五年にわたりバッハの「無伴奏チェロ組曲」を練習し探究した後に、録音に臨みました。この本に記された黙想もまた、さまざまな形においてこれと同じように丁寧に、けれど激しい愛情をもって、たったひとつのテーマに向き合っています。

言葉に記されようとしない性質をもつテーマを完成された本としてまとめることに、実は今でも少しの抵抗を感じているのです。音楽の形をとることが許されるのなら、それは、発せられた途端にその真のメッセージを形のない香りとして聴く者のハートに残し、溶け出すのでしょう。本当はそのほうが望ましいのです。

この本は、体験の真の性質に対する瞑想そのものであり、その中心へ向かう旅へと私たちを誘います。このため、その内容において一定の繰り返しを避けることはできません。

新しいアイディア、刺激、娯楽を求める心《マインド》は、時としてこの繰り返しに苛立ちを覚えるのかもしれませんが、体験の中心を求める人々にとっては、そうは感じられないはずです。こうした黙想を、どこまでも深まっていく体験の探究として捉えると、やがて、その本質に満たされる時がやってくるはずです。

この探究において、細かい区別や意味の層は剥がされていきますが、私たちは特定の形式にいつまでもとどまることをしません。新たな理解はかつての理解を溶かし、そしていずれは、その新たな理解もまた、溶かされていきます。

体験の性質を探究し、表現しようとするとき、言葉のもつ可能性は、言葉では正確にあらわすことのできない何かを形にすることにではなく、むしろその、溶けていく性質に秘められています。この本もまた、そのように読まれることを願っています。

二〇一一年九月

ルパート・スパイラ

まえがき

この地球に暮らす六十億の人に「人生で最も大切なものは?」と尋ねたら、そのほとんどが「幸福」*と答えるでしょう。具体的に大切なパートナー、家族、お金と答える人もいるかもしれません。そうだとしても、人々が求めるのはそれらがもたらす幸福のはずです。実際、ほとんどの行動は幸福を手に入れるためのものです。

多くの場合、幸福探しの旅は、体、心《マインド》、世界といった場所を舞台にします。幼い頃、欲しい物**を手に入れることが幸福につながると学んだ私たちは、いつのまにか、物や活動、人間関係に幸福な体験を結びつけることを生きることの基本としています。

しかしながら、物理的な物、人間関係、何らかの活動や精神状態など、その形態はどうであ

＊本書でいう「幸福」とは、平安、愛、美、理解と同じ意味をもちます。

＊＊本書でいう「物」、「対象」、「対象物」(object)とは、精神的、感情的、物理的領域において経験されるあらゆるものを指し、考え、イメージ、感情、感覚、知覚を含みます。

ろうと、望んでいたものはまだ手元にあるのに、それがもたらしたはずの幸福の体験が消え去ってしまうことがあります。このことは、幸福とは、物、人間関係、状態を手に入れることにはないのだと伝えるのに十分でしょう。もしも幸福と物とが結びついているのなら、それが手元にあるかぎり、幸福も消えないはずです。

私たちはこのシンプルなメッセージを受け取る代わりに、かつて幸福をもたらしたかのように見えたものを別の何かと置き換え、消えた幸福を再び手に入れようと試みます。こうして次から次へと対象を変え、幸福、平安、愛を手にしようとさまよい続けることは、多くの人々の人生においてお決まりのパターンになっています。

物に幸福を生じさせようとする試みに幾度となく失敗した後、私たちは他のやり方はないかとあたりを見渡します。仕事、お金、食べ物、薬物、セックス、人間関係などにのめり込み、それなしではいられなくなり、中毒の域に達する人もいるでしょう。一方で、いつものやり方から視点を変え、スピリチュアルな探究を始める人もいるはずです。

スピリチュアルな探究は、ありきたりなやり方で幸福、平安、愛を追い求め、失敗したことをきっかけに始まることが多いはずです。束の間の一瞬にあるように見える幸福を求める代わりに、ずっと続く目覚めを探そうとするのでしょう。けれど実際のところ、こうして目覚めを求めることは、よくある幸福探しがその名前を変えただけにすぎません。

スピリチュアルな探究において私たちは、体験の新たな領域に足を踏み入れ、物や関係性を手にするのでなく、心《マインド》の状態を手に入れようとする傾向にあります。そして、物や関係性を手にしてほっとし、束の間の幸福を感じたときのように、新たな心《マインド》の状態を得たことでスピリチュアルな探究もひとまず終わりを迎え、束の間の幸福を感じ、これを目覚めと呼んでみます。けれど、物や関係性を手にすることで幸福になれると勘違いしたあの日のように、私たちは、この新たな心《マインド》の状態を目覚めと勘違いしています。

物や関係性に見出した幸福の欠片ように、この目覚めのようなものもやがて、幸福、平安、愛を、物、関係性、状態に見つけようとするいつものパターンの闇に覆われてしまいます。そしてまた、失敗の二文字が濃い影を落とすのです。探究が壁にぶつかった今、次に進む道もありません。幸福を求め、遠くの国まで冒険の旅に出て、可能のかぎりを尽くし、そして今、呆然と立ち尽くしているのです。

これを危機的状況や絶望の時として体験する人もいるでしょう。これ以上進む道はなく、けれど満足できる答えにも出合っていません。模索をやめるため、せめて心地の悪さを紛らわすため、薬物や特定の活動、人間関係に没頭し、ちょっとした瞑想に耽ってみます。一時的に気は逸れますが、探究の二文字は私たちのハートの真ん中で燃え続けています。探すあてはありません。けれど、探し続けなければなりません。

誰もがここまで自分を追いつめるべきだという意味ではありません。絶望よりも知性によって、私たちが真に求めるものは、体、心《マインド》、世界にはないということを理解することもあるはずです。実際のところ、これらを動かしているのは私たちに本来備わっている知性です。生きることの中心を揺さぶるため、知性は時に危機としてあらわれ、また、時により整然とした姿であらわれるのです。

しかしながら、どちらの場合においても、ここで新たな扉が開かれます。まだ歩いていない道がその先に延びているのです。幸福を貪欲に求め続けるこの自己とはいったい誰なのでしょう？　そして、そもそもこの幸福とはいったい何なのでしょう？　私たちはここでくるりと向きを変えます。この方向転換がこの本の出発点。私たちの自己と幸福についての深淵なる探究の旅は、ここから始まるのです。

Part 1

私たちの本質

Our True Nature

私とは誰なのか、何なのか

「心《マインド》、体、世界について何を知っているのだろう？」と考えたとき、私たちが唯一確信できることは、それは自らの体験からしか知り得ない、ということです。体験は完全に私たちの自己という現存《プレゼンス》（今ここにいること。臨在、現前とも訳される）に委ねられており、自己が存在することなしに、体、心《マインド》、世界を体験することはできません。

すべての体験は、私たちの自己によってしか捉えることはできず、したがって、体、心《マインド》、世界を知ることは、自己を知ることと無関係ではいられません。

詩人で画家のウィリアム・ブレイクは、「その人が見るものはその人自身である」と言いました。これは、その人が自分自身をどう知り理解するかが、その人が物、他者、世界をどのように理解するかを決めるという意味です。

ですから、私たちの自己から始めることにしましょう。すべては自己に委ねられています。

けれど、この自己について、私たちはいったいどれほど確かなことを知っているのでしょうか？

それを知るためには、まず、他者や私たちが属している文化が貼りつけた自己のレッテルを剥がし、次に私たちの親密で直接的な体験に集中する必要があります。体験とはつまり、現実を試すことでなければなりません。

私たちが確かなこととしてまず知っているのは、「私は在る（I am）」ということです。あまりに単純で明白であるため、時に見過ごされてしまいますが、これは誰にでも理解できる貴重な知識です。

自分が**何もの**なのかわからなくても、「**私は在る**」ことは知っています。自分自身を否定するのであっても、私たちはまずそこに在る必要があるのですから、誰も自分の存在《ビーイング》そのものを否定することはできません。

また、親にそう言われたから、もしくは本で読んだから、「私は在る」と主張する人もいないでしょう。私たちが存在しているという事実は、最も直接的で馴染みのある親密な体験です。そこに疑いの余地はありません。

言い換えれば、存在あるいは現存《プレゼンス》は私たちの自己の本質であって、自己についてこれ以上確かなことはないのです。

私たちの自己が何であろうと、それは「私（I）」と呼ばれます。「私は在る」と宣言するためには、「私は在る」ことを**知り**、それに**気づいて**いなければなりません。これは、確固として主張することのできる数少ない真実のひとつです。言い換えると、自分自身の存在に確かでいられるのは、それを**直に**体験して**知っている**からです。存在を確かめるために、自分以外の情報源に頼り、過去の情報を参照する必要はありません。今この瞬間、私たちの存在、現存《プレゼンス》は明らかなのです。

では、私たちの存在を知り、それに気づいているのは誰なのでしょう？「私」が「私は在る」と知っているのでしょうか、もしくは、自分以外の何か、誰かが「私」の存在に気づいているのでしょうか？「私」が、「私は在る」と知っているのは明らかです。言い換えるなら、存在している「私」と、存在することを**知り**、それに**気づいている**「私」は、同じなのだとわかります。

言い換えるなら、気づき、知ることは、私たちの自己が本来もっている性質で、自己つまり「私」は、ここにありながら、それに気づいていることを知っています。

現存し、気づいていると知るために、私たちの自己が何か特別なことを**知る**必要はありません。気づき、知ることは自己の**自然な性質**であり、自己は自己であるだけで、自己を知っています。現存していると気づくために特別なことを**する**必要、たとえば、考える必要もありません。自分自身の存在を知ることは、体験における最も明らかでシンプルな事実です。思考、感情、知覚に先立つものなのです。

もし誰かが「あなたは現存していますか？」と尋ねたなら、私たちは少し間を置いて、「はい」と答えるでしょう。間を置きながら、私たちは自己の親密で直接的な体験を確認し、その体験から、「はい」と答えることができます。思考、感情、知覚にではなく、私たちの自己に直接確認します。自己は自己自身を参照するのです。

言い換えるなら、私たちの自己は、自己だけ**を通じ**、自己だけ**によって**、それが現存していることに気づいています。そこに、心《マインド》や体は必要ありません。気づいている現存《プレゼンス》を確証してくれる外的な何かも、もちろん必要ありません。自己は自己自身を直に知っています。

このように、親密で直接的な体験から、「私」はただ**現存する**だけでなく、**気づいている**のだということがはっきりとわかります。このため、私たちの自己は時に気づきと表現されるのです。現存しているそれは、気づいている、という意味です。「気づき」という言葉は、私たちが親密に、自己がそれであると知っている存在、それがそれ自体であると知っている存在は、そもそも現存しながらにして気づいていることを示しています。

この本では自己を、「気づいている現存《プレゼンス》」、またはシンプルに「現存《プレゼンス》」と表現することもあります。「意識」、「存在」と呼ばれることもありますが、気づいている現存《プレゼンス》の最もシンプルな表現は「私」でしょう。

呼び方はどうであれ、存在することの親密さ、つまり、気づきがそれ自体に気づいていることは、私たちの誰もがもつ最も明らかで馴染みのある、直接的な知識なのです。

他のすべてを知る前に、私たちは自身の存在を知っています。存在は、それ自体を知っています。私たちが親密に、直接的にそれであると知っている、この気づいている現存《プレゼンス》は、気づき、そして現存することを知っています。存在することをシンプルに知ることに、「私」という名前が与えられています。

私たち自身の存在を知ることは、あまりにシンプルで、明白で、重要ではなさそうに見えるため、往々にして見過ごされてしまいます。最も親密な存在を忘れ、見落とすということは、表面的には些細なことかもしれませんが、これがきっかけとなって、ほとんどの思考、感情、行動、関係性などが生まれ、それらはやがて不幸の種となるのです。

ではなぜ、私たちは、存在、気づきがそれ自体を知っていることを忘れ、見過ごしてしまうのでしょう？　存在することを知ること。それは、私たちが**する**ことではなく、私たち**そのもの**のです。私たちの存在がそれ自体を忘れたり、見過ごしたりすることはあり得ません。

実際のところ、存在をシンプルに知ることを曇らせるのは思考です。思考によって、私たちの自己は気づきの現存《プレゼンス》ではないように見えます。この思考にはやがて感情が絡まり、自己を真に知ること、それがそれ自体を真に知ることは、覆い隠され、損なわれ、私たちは気づいている現存《プレゼンス》以外の何ものかであると信じ、感じるようになるのです。

個人における、そして人類全体における私たちの歴史とは、真のアイデンティティの喪失と再獲得の物語であると言えます。

「私 - 体と心《マインド》」から「私 - 気づいている - 現存《プレゼンス》」へ

私たちの自己、気づいている現存《プレゼンス》は、存在し、気づいていること以外にどのような性質を有しているのでしょう?

私たちの自己が現存し、気づいていることに疑いの余地はありません。にもかかわらず、私たちは、私たちの存在《ビーイング》をシンプルに知っていることにさまざまな要素を付け足そうとします。この本は、直接的で親密な知識だけを参照し、そして、付け足す要素があるとすれば、何らかの信念からではなく、自己がそれ自身を体験することから生まれた要素だけを参照しながら、とてもゆっくりと進んでいきます。

私たちが通常、自己、存在をシンプルに知ることに付け足すのは、この存在は、体と心《マインド》**の中に**あり、それら**から**成り、それら**に**限定されるという信念です。私たちは、自己は体と心《マインド》の内側にあり、それ以外のすべては外側の世界にあると考えます。

この最初の信念がもととなって、私たちの文化の土台となっている基本的な想定が生じます。そこでは、体験は、知り、感じ、知覚する、分離した内側にある主体と、知られ、感じられ、知覚される、分離した外側にある客体、他者、世界のふたつの領域に振り分けられます。

「私‐気づいている‐現存《プレゼンス》」（私は今ここにいると気づいている意識）は体と同義であり、体に限定され、ゆえにその性質をもつというこの基本的な信念が、気づいている現存《プレゼンス》という私たちの真のアイデンティティを覆い隠し、私たちにそれを忘れさせます。

私たちの存在をシンプルに知ることが、この信念により実際に覆い隠され、忘れ去られるのではありません。スクリーンが映像に覆われていても、そう見えるだけなのと同じです。この幻影は実際には生じていないのですが、非常に強力で、私たちがどう考え、感じ、行動し、関係するかに大きな影響を与えます。

自己が体の内にあり、その性質を共有するという、この一見したところの事実を詳細に見ていくことにしましょう。

見たところ外の世界にあるもの、たとえば走る車の音、ビルの姿や景色などに注意を向けてみましょう。音や光景は私たちの自己、すなわち気づいている現存《プレゼンス》によって体験されています。ここで私たちは、見たところ体の内側にあり、体に限定されている「私」、気づいている現存《プレゼンス》が車の音を聞き、建物や景色を見るのだと考えます。

しかしながら、私は音や景色ではありません。私は車の音や建物や景色に**気づく**存在です。音や景色はやってきては消えますが、「私 - 気づいている現存《プレゼンス》」は残ります。だからこそ、私は車や建物、景色ではないとわかるのです。

では、体はどうでしょう? 私たちは、体についても、音や景色と同じように気づいているのではないでしょうか?

頭痛を例に挙げてみましょう。車の音がやってきては消えるように、私たちは、あらわれては消える頭痛の感覚に気づいています。だからこそ、頭痛は自己の本質ではないとわかるのです。私たちの自己の体験、つまり、気づきによる気づきの体験は、常に、今ここにあります。そのため、私たちにとって本質的なことは、いつでも、今ここになければなりません。

頭痛はあらわれては消えますが、自己は頭痛が消えてもここに残ります。こうして、頭痛は自己の本質ではないことがわかります。頭痛は、私**そのもの**ではありません。このように考えたことは今までなかったかもしれませんが、頭痛は、あらわれては消えることで、私たちの存在にとって本質的ではないことを自ら示してくれています。

顔や手、足のちりちりするような感覚に注意を払ってみましょう。私たちは、車、建物、景色、頭痛と同じように、こうした感覚に気づいていることがわかります。音や景色があらわれては消えるように、こうした感覚もまた、やがて私たちから去っていきます。そして、そこには気づいている現存《プレゼンス》だけが残ります。

言い換えるなら、体、ここでは、顔、手、足は、世界における音や光景と同じく、私たちが注意を向ける対象であり、私たちはそれを知る主体、気づいている現存《プレゼンス》であるのだとわかります。

ここに、シンプルで画期的な真実が姿をあらわします。「私‐体」が体験し、知る主体なのではなく、「私‐気づいている現存《プレゼンス》」が**体験し**、**知る**主体であり、体という対象物は、世界という対象物と同じく、**体験され**、**知られる**ものなのです。言い換えるなら、私たちは、世界に対する知覚に気づいているのと同じように、体の感覚に気づいているのです。

頭痛はいつもあるわけではないので自己の本質ではないけれど、体はいつもここに**ある**から自己の本質の一部だと主張する人もいるかもしれません。けれど、体の感覚、知覚のひとつひとつを紐解いてみると、それらはいつもここにあるのではないことがわかります。

体についての**アイディア**ではなく、その実際の**体験**に焦点を当てると、体の体験は、今受けている感覚や知覚でしかないのだとわかります。感覚や知覚はあらわれては消えますが、私たちの自己、すなわち気づいている現存《プレゼンス》はいつもここに残ります。いつもここにある「私」が、感覚や知覚のようにあらわれたり消えたりする対象物からできているはずはありません。

8

では、多くの人が自己と同一視している心《マインド》はどうでしょう？　心《マインド》は、思考とイメージからできています。けれど実際のところ、思考、イメージ、記憶、怖れ、希望、欲望などがすべて収められた、永遠の容れ物としての心《マインド》を体験した人はいません。これはアイディアにすぎないのです。言い換えるなら、このような心《マインド》の有り様を、私たちは直接的には知りません。私たちが見かけ上の心《マインド》として知っているのは、今ここにある、思考やイメージとしての心《マインド》だけです。

「今日の夕飯は何にしよう？」という考えが浮かんだとします。このような考えは、世界に対する知覚や、体の中の感覚と同じように、かすかな対象物としてあらわれます。言い換えるなら、「私‐心《マインド》」が体験を知る主体なのではなく、「私‐気づいている現存《プレゼンス》」が知る主体であり、それが世界を、体を、そしてこの場合は、心《マインド》の対象物を知るのです。

実際の体験を振り返り、体が体験を知る主体になったことがあったかどうか、自分自身に尋ねてみてください。顔が、手が、足が、何かを知り、体験することはできるでしょうか？　顔が、手が、足が、聞き、味わい、匂いを嗅ぎ、この本に書かれた文字を理解するでしょうか？　顔、手、足は、他のすべてと一緒に、**知られ**、**体験され**ているのではないでしょうか？

思考やイメージはどうでしょう？　思考やイメージが何かを知り、体験するのでしょうか？　思考が何かを見て、イメージが何かを聞くのでしょうか？　思考がこの本に書いてある文字を理解するのではなく、思考は自己によって知られ、理解されるのではないでしょうか？

体験にじっくりと対峙し、真実もしくは現実を試す手段として実際の体験にのみ焦点を当てると、体や心《マインド》が**知り**、**体験する**ことはないのだとわかります。体や心《マインド》は、**知られ**、**体験される**のです。

「私 - 体と心《マインド》」が世界に気づくのではなく、「私 - この気づいている現存《プレゼンス》」が体、心《マインド》、世界に気づいているのだとはっきり理解しましょう。

私たちの自己は体や心《マインド》ではなく、実際には気づいている存在、現存《プレゼンス》であり、それが体や心《マインド》を知り、目撃する。この発見には、根源的かつ深淵な含みがあります。

8

この考察における最初の一歩は、私たちは気づいている現存《プレゼンス》であり、その現存《プレゼンス》が、心《マインド》、体、世界を知り、目撃するのだと知ることです。そして、私たちは体や心《マインド》のような他の何ものかであると想像するのではなく、気づいている現存《プレゼンス》であることを承知し、それであることが、次の一歩になります。

探究の結果、目撃する現存《プレゼンス》に**なる**のではありません。**いつであっても、そうでしかない**ことに気づき、そうと**承知のうえで**、今ここにとどまるのです。

私たちはこれまで、自己を体や心《マインド》として捉え、すべての体験はこの信念によって定義され、この信念に沿ってあらわれてきました。私たちは今、いつも私たちのものであったものを取り戻します。時おりその真実が忘れられ、見過ごされ、覆い隠されるとしても、私たちは、いつであっても私たちそのものである目撃する現存《プレゼンス》として、そうと承知のうえで、立っています。

はじめはそうとわからないかもしれませんが、体と心《マインド》をこのように捉えることで、私たちはいつのまにか、体や心《マインド》がそこに生じる、気づいている現存《プレゼンス》としてここに立っています。

これから先は、この目撃している気づきの現存《プレゼンス》としての立場から、私たちの自己の自己としての体験を紐解いていきます。直接的で親密な体験をもとに、気づきによる、気づきについての知識を探るのです。

この探究は、最後には心《マインド》によってまとめあげられるでしょう。けれど、ここで大切なのは、思考や、自己についての**アイディア**ではなく、自己自身の実際の体験、つまり、自己によるそれ自身の体験として存在することをシンプルに知ることから、この探究が始まったということです。

自己には位置も限界もない

心《マインド》は対象物だけに、つまり体、心《マインド》、世界だけに注意と関心を向けることに慣れ切っているため、自己自身をもささやかな対象物として扱おうとすることは避けられません。気づいている現存《プレゼンス》を探し求め、体験の、知識の対象物にしようとするのです。

けれど、私たちの自己はあらゆる対象物を知る者、目撃する者であるという体験的な理解に何度も立ち返ると、自己自身が対象物になることはできないことがはっきりします。

私たちの自己はここにあり、気づいていて、そこに客観的な性質はないというのは、私たちのシンプルな体験です。この体験的な理解が深まると、自己を対象物として見出そうとする欲求は自然と薄れていきます。

対象物を知るように私たちの自己を知ることはできませんが、これは自己が知られることはないという意味ではありません。通常の対象物が知られるように、主客の関係の中で自己を知ることはできないということです。

私たちの真の自己は、親密で直接的な体験を通じて、つまり、ただ存在することを通じて知られます。実際、自己について**知る**唯一の方法は、自己そのもの**である**こと、そして、自己をいかなる対象物とも混同しないことです。

体の感覚、心《マインド》の中の考えやイメージ、世界の中の物体に注意を払うのは、この本に書かれている言葉に注意を払うのと同じように、難しいことではないはずです。

では、その体、心《マインド》、世界における対象物について**知っている**、私たちの**自己**、気づいている現存《プレゼンス》に注意を向けるよう言われたらどうでしょう？　試してみてください。この本に印刷されている文字を見ている何ものかに注意を向けてみましょう。目や頭が受けている感覚に注意を払おうとする人もいるかもしれませんが、目や頭自体も私たちが気づいている感覚でしかありません。

その感覚に**気づいている**何ものかに注意を払ってみましょう。その何ものかは感覚ではありません。いったいどこを探せばよいのでしょう？　そう、どこかを探し始めた時点で、私たちは多かれ少なかれ対象を求めてしまっています。

対象物から、対象物を**知り**、**体験している**存在へと注意を移そうとすると、途端に私たちは困惑します。どこを向いても間違った方向を向いています。それは、立ち上がって、自分の体に向かって一歩を踏み出そうとするようなもの。どちらへ踏み出しても間違った方向なのです。そして、どちらへ踏み出しても先に進むことはできません。

するとある瞬間、体と心《マインド》の対象物として自分を探そうとする試みが自然と崩れます。その時、何かを探そうとする心《マインド》は止み――これは実際、時間を超越した瞬間ですが――その瞬間に自己はそれ自身を、思考が押しつけようとする信念や感情に惑わされない、純粋な気づいている現存《プレゼンス》としてつかみとり、そして味わうのです。

これは、思考、イメージ、感覚、知覚などの形をとらない、客観視することのできない透明な体験なのですが、知らないところからやってきたにもかかわらず、親密で、馴染みあるものに感じられ、再び姿をあらわした体と心《マインド》にも、多くの場合において、自然に浸透していきます。

仮に一時的であったとしても、この透き通った体験に体と心《マインド》は変容します。時に戸惑い、怯えることもあるでしょう。けれど、この透明な、時間を超えた体験には心《マインド》が関わっていないため、体験自体が記憶されることはありません。記憶の対象となるものがないのです。

このため、多くの場合において、心《マインド》はこの透き通った体験を重視せず、時になかったこととして、あれこれと対象物に焦点を当てる日々の活動へと戻っていきます。

しかしながら、この本質との融合は忘れ去ることのできない余韻となって、時に何十年にもわたり私たちの内に残り続けます。かつて、たいていは子ども時代に体験した何かとして、懐かしく、思い焦がれるような何かとして、静寂の瞬間に、もしくは日々の暮らしが何らかの壁にぶつかった際に、それは私たちの内で大きく膨れ上がるのです。

この余韻は**過去**にあるのではありません。今ここに、私たちの**自己**の内にあります。それこそが私たちの自己なのであり、はじめて出会った瞬間と同じように、今ここにあって、今すぐに触れることができます。

はじめて出会ったのにはじめてではないような、この懐かしい体験に触れ続けると、やがて私たちは自己を、つまり自己は自己自身を、空間に位置する対象物を見つけるように見つけることはできないのだという深い気づきを得るはずです。私たちは対象物や場所に**気づく**側であって、私たちの自己は対象物でもなければ、特定の場所に位置するという実際の体験をすることもないのだとわかります。

言い換えるなら、存在《ビーイング》をシンプルに直接的に知ること、つまり存在がそれ自体を知ることと離れずにいれば、私たちには、自己がどこかに位置しているという知識はないのだとわかります。

思考だけが、気づいている現存《プレゼンス》である自己を体と同一視し、体の内に私たちが位置すると想像するのです。この思考は、気づいている現存《プレゼンス》であるという私たちの真の性質に押しつけられていますが、だからといって、実際に自己をそこに位置づけているわけではありません。

思考は、自己を体と同一視することで、気づいている現存《プレゼンス》である私たちは、体の性質と限界を共有すると思い込みます。

8

では、私たちの自己、つまり気づいている現存《プレゼンス》には限界があるのでしょうか？　心《マインド》は限界を見つけ出そうとするかもしれませんが、私たちが実際にその限界を体験したことはあるでしょうか？　何が知られ、体験されるのであっても、それを体験し、知るのは、私たちの自己、つまり気づいている現存《プレゼンス》です。では、質問の仕方を変えてみましょう。私たちの自己、気づいている現存《プレゼンス》は、**それ自身が**制限される体験をしたことがあるのでしょうか？

はじめのうちは、心《マインド》が課す想像上の限界は真実であるように感じられ、私たちの実際の体験は闇に隠れてしまうかもしれません。けれど、この信念を追いやり、私たちの自己、つまり気づいている現存《プレゼンス》自体に、制限された体験が実際にあるかどうかをしっかりと探ると、そんな体験はないことがわかります。

心《マインド》が示す限界はすべて、ある種の対象物であることがわかります。心《マインド》は、自己は体だと主張します。そして、この最初の想定に基づいて、自己には形があり、年齢があり、履歴があり、未来があり、体重があり、人種があり、国籍があり、性別があり、サイズがある、と続けます。

しかし、これらはすべて体の特徴であって、自己の特徴ではありません。これらは自己**によって**知られていますが、自己**に**属してはいません。スクリーンに映し出された映像がスクリーン自体を制限することがないように、それらの特徴が自己を制限することはありません。

このように、何度も何度も私たちの自己に立ち返り、制限を与える要素のひとつひとつに対峙すると、自己はいまだかつて何の限界も体験したことがないのだとわかります。事実、気づいている現存《プレゼンス》は、いつであっても限界なしにそれ自身を体験します。けれど、通常は心《マインド》が生み出す信念が、この体験に影を落とします。

体の限界が自分の限界だと考え、感じることに私たちは慣れすぎており、それを当たり前のこととして捉えています。そうして、すべてでないとしてもほとんどの場合、私たちの思考、感情、活動、人間関係はこの想定を基にできあがっています。

この悟りは、すべての真の理解が訪れるときと同じように、突然やってきます。私たちの自己が自己自身を体験するとき、心《マインド》が関与していないため、それは時間を超えたところで起こります。心《マインド》がそこになければ時間も存在しません。かといって、必ずしも瞬時に起こるわけではありません。黙想的に、繊細に自らの体験に対峙するなかで、この理解と巡り合うこともあります。

自己には限界がないと知ることが、私たちの人生に、劇的で即時的な影響をもたらすこともあります。これまでの信念体系が説得力を失うものの、この新たな体験に対する解釈を見つけていないため、心《マインド》がかなり混乱することもあるかもしれません。一方、しばらくの間この変化に気づかないこともあり、この場合、心《マインド》は少しずつ自己についての新たな理解に慣れていきます。

いずれにしても、この体験的理解が探究され、私たちの人生に浸透すると、それは私たちが手にすることのできる最も大きな発見となります。そして、ほとんどすべての人の人生の中心に居座っているさまざまなジレンマ、つまり、幸福、平安、愛を求め続ける終わりなき探求に、解決の糸口を与えてくれるのです。

本質的な存在《ビーイング》の忘却

私たちの存在《ビーイング》をあるがままに、シンプルに知ることを忘れ、それは体と心《マインド》の中に、体と心《マインド》としてあると考えることで、私たちは、私たちの自己、つまり気づいている現存《プレゼンス》は、思考、感情、イメージ、感覚と同じ性質をもつと思い込むようになります。

私たちは、思考、感情、イメージ、感覚**に気づく**者であるのに、それを忘れ、かわりに、私たちは思考、感情、イメージ、感覚**である**と信じ、さらに重要なことに、そう感じるようになるのです。

悲しい気分があらわれれば、**私**は悲しいと感じる。鏡を見て顔が老けたと感じたなら、**私**は老けたと考える。思考が「私は四十歳だ」と言うと、**私**が四十歳なのだと考える。イライラする考えが浮かんだのなら、**私**はイライラしていると感じる。空腹感が起こったのなら、**私**はお腹が空いたと感じる。学校の成績が悪かったら、**私**は失敗したと考える。成績が良ければ、**私**はよくやったと感じる。まわりに友だちがいなければ、**私**は孤独だと感じる。体が病気で、死に向かっているとすれば、**私**は病気で、死にかけていると感じる。もし現状に不満があり、何かを変えたいと望んでいるとすれば、**私**は不幸だと感じる。このゲームはどこまでも続きます。

私たちの自己に対する理解は、何を信じ、感じるかに根ざしていると言ってよいでしょう。私たちはこれまで、限界のある体、心《マインド》に私たちの存在を預けてきました。ちょうど、映し出される映像にスクリーンそのものが覆い隠されてしまうように、私たちの本質的な存在は、体と心《マインド》の性質に覆い隠されてしまったかのように見えます。

スクリーンに青空が映れば、スクリーンは青くなったように見えます。けれど、青は一時的にスクリーンを彩るだけで、その青さはスクリーンの本質とは何ら関係ありません。私たちの存在も同じように、心《マインド》と体の性質に色づけされてしまい、その性質に実際に**なって**しまったかのように思われるほどです。

スクリーン自体は無色で、だからこそ、何色にも染まることなく、さまざまな色を受け入れることができます。同じように、私たちの本質的な存在は、客体をもたず、透明で、開かれた、空《くう》の、気づいている現存《プレゼンス》であり、体や心《マインド》に属する客観的な性質はもち合わせていません。まさにそうであるからこそ、私たちは、思考、感情、知覚になることなく、あらゆる思考、感情、知覚を受け入れることができるのです。

どんな映像でもスクリーンの光によって輝くように、思考、感情、知覚は、それらの特徴に関係なく、私たちの本質の光によって照らされ、つまり知られ、何よりもまずその光とともに輝いています。

映画の上映が始まると、私たちはスクリーンの存在を忘れ、映画に集中します。実際、スクリーンは映像になったように**見え**ます。私たちの本質的な存在にもこれと同じことが起こります。思考、感情、イメージが存在を乗っ取ったかのように見え、それらとの区別ができなくなってしまうのです。

このように、思考、感情、イメージ、感覚の集合体と自己との混同が深く根を下ろし、文化や教育がそれを後押しすると、こうした思考、感情、イメージ、感覚のコラージュこそが自己なのだと考え、さらに問題なことに、そう感じることが当たり前になります。

私たちは、純粋な気づきの存在としての本質的なアイデンティティを忘れ、それを、体や心《マインド》を定義する特徴や性質と混同してきました。大部分の人々は、多くの時間をこの記憶喪失の状態で過ごし、この単純な忘却を人生に反映させてしまっています。

8

ではいったい、誰が忘れ去っているのでしょう？　私たちの自己はそこに思考があろうとなかろうと、思考よりもまず先に、思考に依存することなく、いつもそれ自体として存在しています。

私たちの自己が気づきのスイッチをオンにしたりオフにしたりすることはありません。気づきは自己の本質です。それはいつもそこにあって、気づいており、つまり定義上、いつもそれ自身に気づいています。

スクリーンそのものが映像によって消し去られることは、仮にそのように見えたとしても決してないのと同じで、この自己による気づき、気づきによるそれ自体の知は、思考や感情の登場によって覆い隠されることはあっても、消されることはありません。

私たちの本質的な存在を忘れ、それが闇に覆われることで私たちがたどり着く自己は、架空の存在です。それは実体でも、自己でもなく、単なる**思考**で、この思考が、体と心《マインド》という対象物と自己とを一対一で結びつけたのです。

この思考が、私たちの本質的な存在を、体や心《マインド》がもつ特徴と同等のものと捉え、同一視し、そしてそれらから、体の内に宿る、分離し独立した実体、自己と見なされるものをつくりあげます。この思考が、本質的な存在の内に、それとしてある気づきを、限界を抱える体と心《マインド》の性質と混ぜ合わせ、その結果、体と心《マインド》の中に住む、架空の、限界を抱えた分離した自己が生み落とされるのです。

気づきである私たちの自己と、体と心《マインド》という限界を抱えた性質は、ひとつの実体、ひとつの自己になったかのように見えるかもしれません。しかし、この見たところ分離した内側にある自己は、あくまで、そのように考えた思考が生み出したものにすぎません。

それは、酢と油を混ぜ合わせてドレッシングを作るようなものです。混ぜ終えると沈殿が始まり、酢と油は分かれてしまいます。その時私たちは、それらは同化したように見えただけだったことを知るのです。

ここで私たちが行っているような、体験を黙想的に調べ探究することも、混ぜ合わさったふたつの要素、つまり私たちの本質的な存在として本来あるものと、体や心《マインド》のあらわれに属するものとを分ける作業です。「私とは、分離した内側にある自己である」と想像し、こうした考えを巡らすことは、脆く儚い単純な思考を、重苦しく複雑な実体のようなものに変えることでしかなく、結果としてさまざまな副産物を生み出すことになります。

本質的な自己の真の性質を忘れるこの体験は、実際の自己の体験ではありません。これは常に、ただの思考です。言い換えるなら、私たちの自己、つまり存在する唯一真の自己は、それ自身の視点、つまり存在する唯一本物の視点において、自己自身を忘れることは決してありません。

本質の忘却は思考のためであって、自己のためではありません。このため、「分離した内側にある自己としての私」という思考から派生するさまざまな思考や感情もまた、思考が自分であると想像する、分離した内側にある自己のためにあるのであって、私たちの真の自己のためにあるのではありません。

後ほど、すべての心理的苦痛は「分離した内側にある自己としての私」という思考が生み出しており、それゆえ苦痛は架空の自己のためのものであって、私たちが常にそうである、唯一真の自己のためのものではないということを見ていくことにします。

現実においては、真の自己は、悲しまず、年齢もなく、イライラせず、お腹も空かず、孤独でなく、病気でもなく、死にかけてもいません。そういった信念や感情があったとしても、自己はそれらから完全に自由です。私たちの自己はそういった性質を知り、体験する側にあるのであって、それらでできているのではありません。

一方、スクリーンと映像が一体化しているように見えるのと同じで、そうした思考や感情があらわれると、自己と親密にひとつになります。自己は、思考や感情を知る側にあり、もともと自由であり独立しながら、同時に、思考や感情と親密にひとつになっています。体験のこの親密さが、愛です。だからこそ、真の親密さ、真の愛は、いつも自由とともにあるのです。

テレビが映像に支配されることはないように、私たちの本質的な存在がこれらの思考や感情に曇らされることはありません。ですから、私たちの存在の真の性質を探すのではなく、それを認識することが大切なのです。

体や心《マインド》のあらわれと私たちの本質的な存在とが排他的に混ざり合うという、このたったひとつの出来事が、この見かけ上の実体の、思考、感情、状況、関係性を規定します。けれど、これは過去に起こった出来事ではなく、今に刻まれていることです。それは、あらゆる瞬間、繰り返し起こっています。ゆえに、私たちが本当は何者であるかをシンプルに認識することで、常に手放すことができるのです。

生まれることも死ぬこともない自己

思考を介さずに、存在《ビーイング》のそれ自身の体験にそっと寄り添うと、そこには、生まれ、成長し、歳をとり、死ぬという知識がないことがわかります。

対象物である体と心《マインド》は、あらわれては消えていきます。生まれ、成長し、衰え、朽ちて死ぬのは体と心《マインド》です。私たちの自己、気づいている現存《プレゼンス》はそのことを知っていますが、その対象となることはありません。

そもそも、こうした外見や変化と私たちの本質的な存在とを一対一で結びつけたのは思考だったのですが、私たちはやがてこうした性質を共有すると信じ、感じるようになってしまいました。

この信念は深く刷り込まれ、私たちの存在の不可欠な部分となったかのように見えるため、私たちはそれが単なる信念であり感情であったことを忘れ、私たちの自己に関する、絶対的で疑いようのない真実であると捉えます。

そして、いつしかこの信念と感情は、そこから派生するすべての思考と感情、また、ほとんどの活動や関係性の拠り所となるのです。

しかしながら、**あなた**は、今起こっている思考、体が感じている感覚、この本に印刷されている文字、世界に対する知覚に気づいているということに着目してください。昨日の思考や感情に気づいていたのも、この同じ**あなた**ではなかったでしょうか？ 去年の、一昨年の、十年前の、二十年前の、三十年前の思考、感情、感覚、知覚に気づいていたのも同じ**あなた**だったのではないでしょうか？ 子宮の中にいた頃、最初の感覚、知覚に気づいていたのも、同じあなただったのではないでしょうか？

それは他でもない**あなた**自身が得た感覚であり、この本の文字を読んでいるのもまた、**あなた**なのではないでしょうか？ その時も、今も、あなたはあなたなのではないでしょうか？ もし、それらを知り、体験したのが違うあなたなら、今のあなたはどうしてそれらのことを覚えているのでしょうか？ 「私が初めて通った学校」と言うとき、その「私」と、今の考えが属している「私」とは、同じ「私」、同じ自己であるはずです。

思考、感情、感覚、イメージ、記憶、知覚はどんどん変わっていきます。けれど、それを知り、体験する自己は決して変化しません。自己は自己に変化を記したことがあるのでしょうか? そうした変化を記すことがあるとすれば、それはいったい誰でしょう? それは、決して変化することのない自己であるはずです。

あるときは五歳、あるときは二十五歳というように自己が変化すると考えるのなら、五歳と二十五歳のそれぞれを知っている同じ自己がいる必要があります。言い換えるなら、変化の体験について確固として述べるためには、その変化を知っている変化しない存在がまずそこにいなければなりません。

体、心《マインド》、世界の変化を記録するのはあなたですが、あなたの自己には変化を記録しません。あなたは、すべての知と体験に深く浸透し、常にここにあって、対象化されない、気づいている現存《プレゼンス》だからです。

実際のところ、あなたは純粋な知、気づきから**成り立って**います。映し出される映像が刻々と変化したとしても、スクリーンはいつも同じで決して変わらないように、変化を記録するのがあなたであっても、その変化を知る、知の光である**あなた**は決して変化しません。

小麦粉からパンができるように、知や気づきから私たちの自己ができているのではありません。自己はただ、自己**である**だけです。では、「**私たちの**自己 (our self)」と言うとき、その「私たち」とは何者なのでしょう？　それは、体にも心《マインド》にも属しません。自己は、自己そのものに属します。自己は個人ではありません。体と心《マインド》は自己に属しますが、自己自身は誰にも、何にも属しません。

言い換えるなら、「**私たちの**自己」なのではなく、「**唯一の**自己（the self）」なのです。気づいている現存《プレゼンス》である自己は親密な存在ですが、人格化することはできません。

8

誕生は、**あなた**が体験する一連の感覚、知覚です。けれど、**あなた**は感覚や知覚ではありません。あなたはそれらを知る側にあります。誕生を体験したあなた、五歳のあなた、二十五歳のあなた、そして、今この本を読んでいるあなた、それらはどれも同じあなたです。

もし、私たちの自己、つまり気づいている現存《プレゼンス》が、体が誕生する瞬間そこにいなかったのなら、体が誕生したと主張することはできません。体の誕生を体験した自己は、体とともに生まれたのではありません。体が出現したとき、自己が「すでに」そこにあったからこそ体が誕生したと言えるのです。

思考は、私たちの自己、気づいている現存《プレゼンス》は体であると想像します。このため私たちは、体が誕生したときに自分は生まれたのだと感じるようになります。

これと同じ理屈で私たちは、体が死ぬときに自分は死ぬのだと信じています。この信念により、思考が私たちとはそういうものであると想像する、分離した内側にある自己の中心に、体が消えることへの怖れが埋め込まれるのです。この怖れは、思考が私たちの自己と体とを排他的に結びつけることで生じる最初の感情で、意識されていようがいまいが、この支配的な感情が、架空の分離した実体としての人生をコントロールしています。

私たちは、体の誕生とともに本質的な自己が生まれたことを体験したのでしょうか？　誕生に付随する感覚や知覚に気づいていただけなのではないでしょうか？　私たちの本質的な自己、気づいている現存《プレゼンス》が、子宮の中にいる体験を実際にしたのでしょうか？　それとも、胎児が得る感覚に気づいていただけなのではないでしょうか？

気づいている現存《プレゼンス》である私たちが、今、この部屋で椅子に座っているのでしょうか？　それとも、その感覚と知覚が私たちの自己にあらわれているのではないでしょうか？　その自己が、体が出現したことを知り、毎晩眠りの中に消えることを知り、死に際しては消え去るであろうことを知り、そして今、この本の文字について知っている自己なのではないでしょうか？

私たちは、体が変化し成長するのに合わせて変化し、歳をとったのでしょうか? まさに今、ここにある私たちの**自己**が、赤ん坊、子ども、ティーンエイジャー、大人としての有り様とその変化に気づいていたのではないでしょうか?

体と心《マインド》が眠りに際して消えるとき、自己も消えてしまうのでしょうか? だとしたら、そこにいて、消えたことを目撃しているのは誰なのでしょう? 誰かがそこにいなければ、消えたことを知ることはできません。自己は自己が消えることを体験しません。消えたことをそこにいて目撃し、そう主張できるのは誰なのでしょう? そう、私たちの自己以外にはあり得ないのです。

体が死ぬと私たちの自己も死ぬと主張するのであれば、いったい誰がその死を知り、体験するのでしょう? そのような主張ができるのは自己だけではないのでしょうか? もし、自己が死ぬことがただの信念ではなく実際の体験なら、**私たち**は、死んだことを知るためにその場にいて、その後そこにとどまり、死んだと主張しなければなりません。

言い換えるなら、変化を体験することによって、私たちの自己は変化することのない知者であることがわかるように、死の体験により、私たちは死なないのだということが見えてきます。私たちの本質的な存在に死の**体験**がないのであれば、なぜ、その死を予期するのでしょう?

自己が、生まれ、変化し、成長し、歳をとるということを私たちは知らず、私たちには死の体験はないということを、はっきりと理解しましょう。

気づいている現存《プレゼンス》である私たちは、悲しんだり、怒ったり、不安になったり、落ち込んだり、求めたり、イライラしたり、嫉妬したりしません。けれど、そうした感情がそこにあれば、それと親密にひとつになります。スクリーンと映像の関係と同じで、私たちはこうした感情の実体ではありますが、本来はそれらから自由です。不幸は自己からできていますが、自己が不幸であることは決してありません。

私たちは生まれ、変化し、成長し、歳をとり、死ぬというのは、人類の大部分がそうとは知らずに採用している信念にすぎません。それは、私たちの文化における教義です。

私たちは、生まれ、変化し、成長し、歳をとり、死ぬことを自分たちの体験として捉えています。誕生や死を抜きに私たちの自己を捉えることは、ある意味、普通ではない体験であり、通常は信仰心を必要とするのかもしれません。けれど、実際はその逆が真実です。本質的な自己が、生まれ、変化し、成長し、死ぬという知識や体験は私たちにはなく、それは実際のところ私たちが選びとっている、単なる死すべき運命への信念なのです。

体と心《マインド》はあらわれては消えます。つまり、生まれ、そして死にます。思考が、本質的な自己を、考え、感情、イメージ、記憶、感覚、知覚と不注意にも排他的に同一視することで、私たちは**それら**が消えるとき、**私**も消えるのだと考え、さらに問題なことに、そう**感じて**しまっているのです。

死すべき運命にあると信じることは、さまざまな信念や感情、そして、活動や関係性を派生させ、それらはやがて、あらゆる心理的苦痛の源となります。

私たちの自己を体と心《マインド》に排他的に結びつけることで、架空の実体が生み落とされ、消滅や死への怖れ、この何ものにも先立つ感情が、人生の大部分を占拠するようになります。実際のところ、悲しみ、怒り、不安、抑うつ、欠乏感、心理的渇望、動揺、嫉妬といった感情のほとんどは、消滅あるいは死に対する本質的な怖れが姿を変えたものでしかありません。

私たちの本質的な存在が本当は何なのかがはっきりわかると、こうした感情はやがて消え去ります。それらの拠り所であった信念が何であったのかが見抜かれてしまうからです。

存在《ビーイング》は永遠であり無限である

私たちの自己、気づいている現存《プレゼンス》には位置や限界はないということを体験的に理解することは、特別な知識ではなく、それに勉強や訓練は一切必要ありません。心《マインド》が知っていたりいなかったりするいかなることよりも先に、このことは私たちすべてによく知られており、明らかで、私たちと親密です。知性もしくは心《マインド》がどうであろうと、老いていようと若かろうと、健康であろうと病んでいようと、このことはそれらから独立したひとつの体験的な知識です。

実際、私たちが何か他のことについて知る前に、つまり、自己がそれ以外の何か、たとえば、体、心《マインド》、世界などについて知るように思われるその前に、私たちは私たち自身の存在《ビーイング》を知っています。心《マインド》がもたらす、これに続くいかなる知識も、私たちをこの体験的理解に近づけたり遠ざけたりすることはできません。

しかしやがて、体のレベルにおいて感情を伴って実体化する思考が、この体験的理解を覆い隠し、時に私たちから奪い去るように**見える**のです。私たちの多くが思考を重視し、それを真実と見なすため、私たちの存在を純粋に知ることは重要とは見なされなくなってしまうのです。

けれど、思考や記憶に頼らずに見てみると、私たちの自己には、限界も、輪郭も、形も、境界線も、サイズも、人種も、年齢も、経歴も、未来も、過去も、運命も、体重も、国籍も、性別もないのだとわかります。思考、感情、イメージ、感覚、記憶、知覚といった対象物はこうした属性をもつことができます。気づいている現存《プレゼンス》である**あなた**はこうした性質に**気づいて**はいますが、それらを**保有している**のではありません。

対象物としての性質は、あらゆるものに限界を与えますが、私たちの自己はそうした性質からは自由で、何の制限も受けていません。ゆえに、私たちの自己は無限であると言えます。私たちの文化は私たちの真のアイデンティティに関する理解を失い、無限とは、空間に際限なく広がることだと考えがちです。けれど実際のところ、無限とは、観察し得る有限の性質や規模をもたないということ、つまり三次元の世界には属さないという意味なのです。

8

同じように、私たちの自己がいつもここにあること、時間の中にいつもあるのではなく、永遠の**今**にあることに気づきましょう。思考を参照しなければ、私たちが時間を知ることはありません。

時間は、ふたつの出来事の間の継続期間ですが、ふたつの出来事について想像することはできても、それらを同時に体験することはできません。今日の朝食を食べているなら、昨日の朝食を食べてはいません。ふたつの出来事を分割する二十四時間を生んだのは思考であり、体験ではありません。

言い換えるなら、思考より先にある私たちの存在の親密さにおいては、時間は存在しないのです。

無論、思考より**先に**私たちの自己があるわけではありません。思考がなければ、自己が存在し得る時間はそこに存在しません。思考が**あったとしても**実際には時間は存在しないのですが、この場合には少なくとも、時間という**幻想**が存在します。

存在する（exist）とは、「…から立ち上がる」という意味です。「ex」はラテン語で「…から」という意味をもっています。対象物が出現するためには空間が必要になるのと同じで、時間の中に何かが存在するには、そこにまず時間がなければなりません。

しかしながら、私たちは自己に先立って何かを体験することはありません。体験をするためには何かが存在しなければならず、その「何か」はそこにあって気づいていなければなりません。つまり、私たちの自己がそこにいなければならないのです。私たちの実際の体験において、自己に先立つものは何ひとつありません。

私たちの自己は、いつもここにある今であり、私たちはこの今の継続を体験してはいません。ここにある今は唯一の今です。体が誕生した今と、この本の文字が見えている今は、**まったく同じ**です。真に存在するのは、この唯一の今です。

だからこそ、私たちの存在は永遠なのです。私たちが時間の中に永遠に居続けるという意味ではありません。私たちは、いつもここにある今です。私たちの自己が存在する体験において、時間は存在していません。そこにあるのは、この今だけなのです。

自己は、特定の時間にあらわれ、特定の時間に消えるのではありません。何かがあらわれては消えていく私たちの実際の体験の中に、時間はありません。そこにあるのは、いつもここにある今であり、この今は時間の中の一時《いっとき》ではなく、時間を超えた気づき、つまり、私たちの真の性質なのです。

私たちの文化はこの叡智を失い、永遠（eternal）と永続（everlasting）とを同等と見なします。しかし、一方は真実であり、もう一方は架空であって、ふたつはまったく異なります。「永続」

は時間と関係し、どこまでも続くと思われる何かを意味します。「永遠」は時間の概念を超え、いつもここにある今を意味します。ここで触れているのは、永続する生ではなく、永遠の生なのです。

言葉は客観的性質を表現するためのものであるため、言葉によって私たちの自己を正確に表現することはできません。けれど、その言葉が私たちの本質の体験的理解に根ざしているのなら、言葉は、それを指示し、呼び起こす力をもち得ます。

最後に、すべての言葉を忘れ去り、言葉が指し示した体験、私たちの本質的な存在の、永遠にここにある、無限の性質だけをここに残すことにしましょう。

現存《プレゼンス》はそれ自体で輝いている

心《マインド》、体、世界における対象物は、私たちの自己によって知られ、体験されます。私たちの自己、つまり気づいている現存《プレゼンス》なくしては、知られ、体験されることは何もありません。言い換えるなら、すべては自己によって知られる、つまり、光を与えられるのです。

太陽の光によってさまざまな対象物が見えるようになるように、現実においては、私たちの自己の光によって、すべての体験が知られるようになります。

私たちの自己は、知の光とともにすべての体験を輝かせます。知は本質的に私たちの内にあり、自己から切り離すことはできません。知は自己なのです。

知、つまり自己の光なくしては、どのような体験もあり得ません。言い換えるなら、すべての対象物が太陽の光とともに輝くように、知られ、体験されるすべては、自己の光とともに輝きます。

体験は、その客観的な性質についてではなく、まず、それによって体験が知られることになる、現存《プレゼンス》の光について語ります。太陽の光がすべての対象物において輝くように、この光は、すべての体験において輝いています。

目に見えるあらゆる対象物を知られるようにするのは私たちの自己の光ですが、では、私たちの自己は何によって知られるのでしょう？　私たちの存在《ビーイング》は、どのような光によって知られるのでしょうか？

体、心《マインド》、世界は自己の光によって知られますが、私たちの自己もまた、自己自身の光によって知られます。

私たちは体験を通じ、自己が自己自身を知る光は、自己**自身の**光であることを知ります。私たちの存在は、それ自身の光とともに輝いています。それは他の何ものでもなく、それ自身によって知られています。それはそれによって、それだけを通じて、それ自身を知っています。知られるために、心《マインド》や体は必要ありません。それ自身で知り、それ自身で輝き、それ自身で明らかなのです。

8

現実において、対象物をそれとして知り、体験することはありません。私たちは、それらを**知り、体験している**ことを知っているだけです。私たちが対象や世界について知るすべては、「知」の体験です。そして、目に見える対象物や世界を知るその「知」は、自己自身から生じます。それこそが私たちの自己です。気づいている現存《プレゼンス》である自己の光が、対象を知り、体験することにおいて輝くのです。

目に見える対象物を見るとき、私たちはそれを実際に見ているように思われますが、実際に見えているのは、それを輝かせ、知っている、気づいている現存《プレゼンス》の光の反射です。目に見えるあらゆる対象物は、私たちの存在が放つ光の反射とともに輝くのです。

結局のところ、私たちは対象物そのものについては何も知りません。「知っていること」を知っているだけです。では、「知っている」と知っているのは誰なのでしょう?　「知」以外に、「知」を知るのは不可能です。「知」は「知」によって知られます。言い換えるなら、対象物、他者、世界の体験において体験されるのは、すべて「知」なのです。

そして、この「知」とは、私たちの自己、つまり気づいている現存《プレゼンス》です。体験されるすべては、自己が自己を知り、気づきがそれ自体に気づくことなのです。

気づきがそれ自体を知るという体験に、他者性、距離、分離はありません。それは私たちの存在の純粋な親密さから成り立っています。この完全なる親密さ、他者性の不在が、愛の体験です。すべて、目に見えるすべては、愛でできているのです。

8

存在の光のことを忘れると、私たちは、物理的な対象物を見ていると勘違いするようになります。けれど、私たちの自己を思い出すと、つまり、「私－分離した内側にある自己」に覆われることがなくなると、木や丘や山の姿にさまざまな太陽の光を見るのと同じで、真に知られるすべては、いつもここにある自己を知っている存在の、その光が姿を変えたものであることが一瞬にしてわかります。

思考の働きにより、太陽の光の反射ではなく、実際に木や丘や山が見えていると思い込むのと同じで、思考の働きにより、存在の光以外の何かについて知っているように思われるのです。同じように、私たちは思考の働きにより、自己とは体と心《マインド》であるかのように考えます。けれど実際は、気づいている現存《プレゼンス》である知の光が姿を変えたものが、体であり、心《マインド》なのです。

通常、私たちは、心《マインド》が対象物を知るのだと考えます。けれど、心《マインド》は**知られる**側にあるのであって、それ自体は何も**知り**ません。暗い夜に、月があたりを照らすように見えるのと同じで、心《マインド》が対象物について知っているように見えるのです。月明かりが対象物を照らしているように見えても、月は光源ではありません。月が照らす光は、太陽の光の反射です。

これと同じで、心《マインド》は対象物を知っているように見えますが、実際は、心《マインド》がそれによって何かを知るように見える光、つまり「知」は、気づきの存在である私たちからやってきます。

木、丘、山などの対象物を見るとき、私たちが見るのは太陽の光の変化です。太陽の現存《プレゼンス》を忘れると、対象物そのものを見ているように思われますが、太陽を思い出せば、光の変化を見ているだけなのだとわかります。

これと同じで、現実においては、私たちが真に知っているのは「知」であり、この「知」が私たちの自己です。自己の現存《プレゼンス》を忘れ、「私 - 分離した内側にある自己」という考えに覆われてしまうと、個々の対象物、他者、世界はそれだけで独立して存在する、現実のものであるかのように見えてきます。

けれどここで真の自己を思い出すと、あらゆる対象性や他者性は崩れ去り、すべての体験は、それ自体で輝き、それ自体を知り、それ自体で明白で鮮明な、気づいている現存《プレゼンス》の光でしかないことが明らかとなります。

夜、太陽は見えませんが、私たちが見るすべては、まず月に反射し、次に対象物に反射した太陽の光です。夜においても、すべての対象物はこうしてまず真っ先に太陽について語ります。それらは太陽の現存《プレゼンス》を宣言するのです。

これと同じで、私たちは私たち自身の存在を「見る」ことはできませんが、すべての体験において私たちが知るすべては、私たちの自己の光です。それはそれだけを知っています。すべての体験は、気づきの現存《プレゼンス》、私たちの存在の光について、まず真っ先に物語るのです。

これ以外の知識はどれも相対的なものです。私たち自身の存在についての知、それによるそれ自体についての知だけが、私たちが知る唯一絶対的な真の知識です。これまでに真に知られたのは、これだけです。

すべての対象物は太陽を祝福し、すべての体験は私たちの自己、つまり気づいている現存《プレゼンス》を祝福します。

スーフィ教には次のようなことわざがあります。「視線の先には、どこにでも神の顔がある」

自己だけが在る

私たちの存在《ビーイング》は、開かれた、空《くう》の、透明な現存《プレゼンス》です。

注意はいつも何かに向けられています。けれど、私たちの自己には客観的なものが何もないため、注意を向けることはできません。注意はいつも、思考、感情、感覚、知覚といった対象物に向けられています。

すべての方向性が取り除かれると、注意は、私たちの自己である、気づいている現存《プレゼンス》としての姿をあらわします。

ここで私たちの自己に注意を向けようとするかもしれませんが、そこに見つかるのは、いかに微細であろうとも、また別の対象物にすぎません。私たちの注意、そしてアイデンティティを、思考、感情、感覚、知覚といった対象物に与えるのをやめにしましょう。

それらを消し去る必要はありません。そこに注意を向け、アイデンティティを付与するのをやめるだけでいいのです。するとやがて、私たちの本質は、思考、感情、感覚、知覚ではないということがはっきりします。

いわばこうして、私たちの自己に帰還するのです。

すると、思考、感情、感覚、知覚が私たちを、私たちがすでにそうであるもの以外に変えることはできないのだとわかります。そして、現状に対する実用的な反応として求められないかぎり、目に見える課題は消失します。

思考、感情、感覚、知覚との関わりが穏やかになるなかで、私たちはいつのまにかそれらの影響力を軽減させることになります。私たちの存在は、思考が存在と反目させてきた、思考、感情、感覚、知覚のもつれから解かれ、常にそうである、ありのままの姿を現します。

しかしながら、分離した自己と真の自己のふたつの自己があるのではありません。真の自己が存在する唯一の自己であり、思考、感情、感覚、知覚にがんじがらめになることで、別の自己、限界を抱え、分離し、内側に位置づけられた自己が存在するかのように見えていただけなのです。

けれど、限界のある自己など存在しません。映画の上映が始まったときにスクリーンが景色にはならないように、気づきである私たちの真の自己が分離した自己になることはありません。

体と心《マインド》の対象物に注意を向け、アイデンティティを付与するのをやめると、存在からはこれらの付着物が徐々に削ぎ落とされていきます。

私たちが注意を向けるものが栄えます。私たちが注意を向けるものが私たちの現実になるのです。

気づいている現存《プレゼンス》という私たちの自己に注意を向けると、注意は方向性や焦点、緊張から解き放たれ、現存《プレゼンス》そのものとしての姿をあらわします。

探されていた何かは、探しているそのものであったことが明らかになるのです。

8

私たちの自己に帰還することで、体と心《マインド》は、「私‐分離した内側にある自己」という考えがもたらしたさまざまな緊張と収縮から解き放たれます。

この弛緩は自己の体験ではなく、体と心《マインド》のレベルにおける余韻です。体と心《マインド》は普段、「私‐分離した内側にある自己」という考えの表現であり派生である、緊張と収縮の状態にあります。

しかしながら、私たちはこの緊張と収縮の状態にあまりに慣れすぎており、もはやそれをそのように認識していません。普通になっているのです。これは、身を守るために長い間拳を握っていてそのことに気づかなくなり、拳を握っているにもかかわらずリラックスしていると錯覚するのに似ています。「私‐分離した内側にある自己」という考えが引き起こす緊張と収縮が体と心《マインド》に浸透しているにもかかわらず、私たちはそのことに気づかずにいるのです。

私たちの自己に帰還することにより、体と心《マインド》には弛緩の波が訪れ、緊張と収縮は解かれて、軽やかで広がりのある性質が立ち上がります。これは強力で、涙や笑いといった際立った体の反応を伴う場合もあれば、穏やかな場合もあります。

いずれにせよ、軽やかで広がりのあるこの性質はやがて普通のこととなり、そのように感じることもなくなります。緊張と収縮という慣れ親しんだ状態とは異なるために、はじめは異常に感じられたのです。そして、それはやがて当たり前の状態になります。

解放された自己は、開かれた、空《くう》の、透明な現存《プレゼンス》へと還ります。そして、自己に本来備わっている幸福と平安が、体、心《マインド》、世界のあらゆるあらわれににじみ出てきます。

体と心《マインド》は、開かれた、空の、透明な性質を表現し始め、さらには世界も真の自己の親密さを反映して、親しみを表現し始めます。

分離した内側にある自己という信念と、それにまつわる感情にはいつか終わりが来ますが、この悟りが体、心《マインド》、世界のあらわれにおいてもつ影響力には終わりがありません。

それはどこまでも続き、決して終わらない、啓示の旅です。

Part 2

平安、幸福、愛について

The Nature of Peace, Happiness and Love

私たちの存在《ビーイング》は平安そのものである

私たちの自己の本質は、いつもここにある存在《ビーイング》、気づいている現存《プレゼンス》であり、思考、感情、イメージ、記憶、感覚、知覚を知り、体験するのであって、思考、感情、感覚などからできているのではありません。このため、空《くう》の存在と表現することもできます。実際には、対象物という存在と比較すると空であるということであって、現実においては、それは現存《プレゼンス》と気づきに満ちています。

私たちの存在は、何もなく開かれた空間、たとえば、あなたが今いる部屋になぞらえることができます。そのような空間は、そこにあらわれるいかなる対象物や活動にも抵抗しません。実際のところ、空間はあらわれに抵抗し、あらわれを否定する仕組みをもっていません。では、そうした抵抗は何から生まれるのでしょう? 空《くう》の空間からではなく、そこにある対象物から生じるはずです。

部屋という空間は、それを取り囲む壁によって規定されるように見えますが、壁ができる前も、壁が壊された後も、空間自体は損なわれずにそこにあります。空間の見かけ上の形や性質は、壁や家具、そこで行われる活動などによって付け足されていきますが、空間自体がこれらの性質をもつことはありません。ただ、そのように**見える**だけです。

私たちの存在も同じで、それは体や心《マインド》の性質を帯びているように見えますが、現実にはそうではありません。体や心《マインド》があらわれる前、私たちの自己はすでに今の自己で「あった」し、体や心《マインド》が死ぬときもまた、同じ自己で「あるでしょう」。そして、「あった」も「あるでしょう」も、まさにこの今、存在する唯一の今なのです。

8

私たちの自己は、開かれた空《くう》の空間、**知り**、**気づいている**空間であり、部屋の空間と同じように、抵抗とはそもそも無縁です。実際、私たちの自己は「抵抗」という言葉の意味を知りません。それはすべてのあらわれを大きく肯定しています。

部屋の空間のように、私たちの自己もそこにあらわれる思考、感情、感覚、知覚といった対象物や活動からそもそも自由です。そして同時に、好き嫌いや差別なく、それらのすべてを迎え入れています。

思考、感覚、知覚は、時に乱れ、時に静まります。けれど、それらを知り、体験する、気づいている現存《プレゼンス》にこうした性質はありません。空間の中で何が起きようと起きまいと、空間そのものは決して動揺しないのと同じで、私たちは空《くう》の気づきの空間であって、体、心《マインド》、世界のあらわれに困惑することはありません。

言い換えるなら、私たちの自己はそもそも安らかなのです。私たちの本質的な平安は、あらわれの性質や状態に左右されません。

私たちの自己はさまざまな動揺を目撃しますが、それ自体が動揺することはありません。抵抗や動揺のない状態、それが平安の体験です。

平安は、自己がもつ性質でも属性でもありません。平安が自己なのです。空間に本来備わる安らかな性質を空間から奪うことはできないのと同じで、自己から平安を切り離すことはできません。私たちは平安そのものです。

心《マインド》、体、世界の安らかな状態は、あらわれては消えるかもしれません。静寂と動揺のサイクルを繰り返すのがそれらの性質だからです。けれど、私たちの自己はいつもここにあり、本質的に安らかな現存《プレゼンス》で、そうした状態を知り、受け入れ、それらと親密にひとつであり、けれど決してそれらから影響を受けません。

空間と同じく、私たちの自己は何ものにも邪魔されません。この平安は、やってきては去っていく体や心《マインド》の状態ではなく、すべての思考、感情、感覚、知覚の背後に、そしてその内にいつも静かに佇み、開かれていて、あらゆる瞬間に触れることができ、そして、ただ認められることを待っています。

平安を求めるとき、私たちは、私たちの真の性質がもつ平安を願っています。けれど、時として私たちは、この私たちの本質である平安を、体、心《マインド》、世界の安らかな状態と勘違いしてしまいます。

体、心《マインド》、世界の安らかな状態は長続きせず、また、私たちが真に求める深遠な平安をもたらさないということは、私たちの誰もが知っています。さまざまな活動や関係性を生じさせ維持させる渇望を癒すことができるのは、私たちの真の性質に本来備わっている平安だけです。

実際のところ、平安への渇望は、「私 - 分離した内側にある自己」という考えや感情によって覆い隠されてしまった、私たちの真の性質である平安そのものなのです。

この渇望が、時間、つまり、そこに架空の自己を投影するための過去や未来から自由になると、それは、いつも私たちの存在の内にあり、体験の中心で静かに輝き、ただ認められることを待っている、平安としての姿をあらわします。

私たちの本質である平安と、体や心《マインド》の安らかな状態とを取り違えてしまうと、私たちの存在をそれそのものとしてシンプルに知ることに本来備わっている平安に気づくことが遅くなってしまいます。

どんな時であろうと、私たちの自己の内に常にある平安に触れると、体、心《マインド》、世界は深く触発され、やがてそれに満たされます。そして、私たちの真の性質である平安とともに輝き始めるのです。

幸福は私たちの存在《ビーイング》にもとからある

さまざまな思考、感情、行動を特徴づける欠乏感や不足感、些細であってもなくても、現状に対する違和感や、現状を変えたいという欲求を知り、体験するのは、私たちの自己です。

この欠乏感は、不幸や苦痛として知られています。それは漠然と、時にはっきりと示されるる不満であり、私たちの体験に知らぬまに浸透し、現状を未来のより良い状況で置き換えるようにと頻繁に主張するようになります。

私たちは、現状をより望ましい状況に置き換えようとする思考に気づいていますが、私たち自身は、その思考でも、その思考が排除しようとしている感情でもありません。欠乏感は思考のためのものであって、自己のためのものではありません。

幸福は心《マインド》や体の状態ではないのですが、しばしばそのように誤解されています。心《マインド》や体が心地よいと感じる体験はやってきては去りますが、幸福そのものはこうしたこととは関係がありません。

幸福は、私たちが**もつ**性質でもなく、やってきては去る体験でもありません。それは本来、抵抗や不満のない状態であり、私たちの自己の自然な状態です。自己から切り離すことのできる何かではありません。私たちは幸福**そのもの**なのです。

あれこれ考えることもなく、気づいている現存《プレゼンス》である真の自己は、現状に抵抗しません。それは現状と完全に、親密にひとつになっています。

気づいている現存《プレゼンス》は、すべてのあらわれを肯定します。実際、すべてがここにあらわれているということは、現存《プレゼンス》がそれらすべてを肯定したということです。この肯定こそが幸福です。何にも抵抗せず、何をも求めず、現状をより良い何かに変えようともしません。

この幸福はいかなる状況においてもそこにあります。それはあらゆる体験の自然な性質であって、抗ったり求めたりする思考が立ち上がる前からすでにそこにあり、そのような思考が起こっている最中であっても、そのような思考に覆い隠されたように見えたとしても、そこにあります。

言い換えるなら、幸福は平安と同じく、私たちの自己に本来備わっています。幸福は自己そのものなのです。

私たちの自己がいつもここにあり、心《マインド》、体、世界といった変化するあらわれを静かに見つめながら、それらと親密にひとつになっているのと同じように、自己に本来備わる幸福もまた、時として覆い隠されたように見えながらも、常にここにあり、すべての体験の中心にあって、認められることを待ち望んでいます。

幸福に気づくことができないのは、現在の体験から目を背け、それをより良い何かと置き換えようと躍起になっているからです。それがどのような体験であっても、幸福は、今ここにあるあらゆる体験の中心にあって、静かに佇んでいます。にもかかわらず私たちは、幸福を未来の状況や対象物に求めようとします。現状を否定し、そこから目を背けることこそが、幸福が今ここにはなく、未来に見つけなければならないもののように見せるのです。

私たちの活動の多くを特徴づける幸福への渇望とは、私たちの真の性質として本来備わり、いつもここにある幸福、つまり現状を否定し、**この今**を否定することで一時的に曇らされていた幸福を味わうことへの渇望です。

このどこまでも続く幸福への渇望が満たされることは決してありません。幸福を探し求めること自体が、今ここに、私たちの存在《ビーイング》の内にある幸福を否定しているからです。人は幸福を求めることで未来にさまよい、不幸を永続させます。ある詩人はこれを、「たいていの人は静かな絶望の一生を送る」と表現しています。

愛はあらゆる体験における自然な状態である

空間の比喩に戻ってみましょう。すべての対象物は空間から同じだけの距離を保っています。机、椅子、カーペット、カーテン、窓、本、あなたの体、すべてが空間に同じだけ近いのです。空間はすべてに同じように「触れて」います。どれかだけに近く、どれかからは遠いということはありません。

スクリーンと映像の比喩のほうがわかりやすいかもしれません。映像はスクリーン以外の何かとしてそこにあらわれます。その映像の形と名前が、木であれ車であれ、スクリーンとは別の何かとして自らを定義づけようとします。けれど、手を伸ばして目に見える映像に触れてみると、そこにはスクリーンしかないことがわかります。

私たちの存在《ビーイング》も、あらわれに対しては同じようなものです。思考、感情、イメージ、記憶、感覚、知覚は、私たちの自己によって知られます。すべては私たちの自己、気づいている現存《プレゼンス》にあらわれますが、よく観察してみると、スクリーンと映像の間に距離や分離がないのと同じで、自己とどのようなあらわれとの間にも距離や分離はないことがわかります。手前に映っている水仙も、奥に映っている山も、スクリーンからは同じ距離にあります。私たちの自己もスクリーンと同じで、すべてと親密であり、すべてに同じように「触れて」います。

すべての体験は私たちの自己によって照らされ、知られ、その知が自己と知られるものとを親密に結びつけます。分かつことはできません。実際、私たちは対象物を知ることを知っているのであって、対象物そのものについては知りません。対象物をそれとして知っているのではなく、対象物を知ることを知っている、としか言えないのです。対象物がある、ない、ではなく、「知」があるだけです。では、「知」は何でできているのでしょう？　そう、私たちの自己です。

もし、私たちの自己、つまり気づいている現存《プレゼンス》がなかったら、月を体験すること、体の感覚を体験することには何が起こるのでしょう？　体験はあり得ません。月も、感覚も、体験から消え去ってしまいます。知っている現存《プレゼンス》の光とともに、月も思考も平等に輝いています。すべてのあらわれは、知や体験から同じだけ近くにあります。

思考は何かを近くに捉え、別の何かを遠くに捉えるかもしれませんが、実際には、**すべての**体験は私たちの自己から同じ距離にあります。すべての体験は私たちの自己と親密で、それは近いというよりもさらに近く、そこにあるのは自己だけです。知だけがそこにあります。

実際のところ、体験をより深く探ると、体験を**知る**自己と、**知られる**心《マインド》、体、世界といった対象物との境界線が次第に、時にはふいに消えるのがわかるはずです。はっきりと理解した瞬間にはじけ飛ぶこともありますし、ゆっくりと溶けていくこともあります。

私たちの自己と、体験される何かとの区別、差別、自他の境がなくなるこの体験は、愛として知られています。

私たちは愛を、ごくわずかの関係性を特徴づける親密さとして捉えますが、愛とは本来、**すべての**関係性、**すべての**体験における自然な状態なのです。

思考は選びますが、愛は選びません。

実際には、体験は分離した内側にある自己と、分離した外側にある対象物、他者、世界というふたつの領域からできているのではないと感じ、理解することが愛です。見せかけの二元性が崩れ去り、溶けてなくなることが愛です。あるいはむしろ、二元性はそもそも存在しなかったと感じ、理解することが愛なのです。

体験のこのような一見ふたつの領域への分割は、単に思考が、いつもここにある体験の本質に押しつけていたことです。体験がこの分離の状態から解き放たれるとき、それは愛として知られます。それは実際のところ、私たちがずっと知っていたことなのです。

8

平安、幸福、愛は、私たちの存在の内にいつでもあって、いかなる状況の、いかなる体験の瞬間にも触れることができます。これは私たちがたどり着くことのできる、最も重要な発見です。

普段、私たちは自分自身を、心《マインド》と体から成り、限界を抱え、分離した実体で、すでにある世界に生まれ、時系列とともに動き回り、平安、幸福、愛を求め、それらを確実にするためにやりとりをし、日々歳をとり続け、やがて死ぬことを運命づけられている者として捉えています。

けれど、私たちの本質は純粋な存在、気づいている現存《プレゼンス》そのものであり、体や心《マインド》の内側にあるのでも、それらを拠り所にしているのでもありません。それはやってきて去りはしません。生まれも死にもしません。それはいつも永遠にここにあり、平安、幸福、愛はそのものの性質です。

平安と幸福の内にあって私たちは、自己が体、心《マインド》、世界のあらわれから完全に独立していることを知ります。これは私たちに本来備わっている自由です。そして、愛の中で私たちは、私たち自身がそうしたあらわれと親密にひとつであることを知ります。

あらわれ**からの**自由。あらわれ**の内にある**愛。

自己についてこのような発見をしたのは誰なのでしょう? 私たちの自己以外、こうした発見ができる者はいません。自己自身による自己の親密な体験、それ自身を親密に知ることから導き出された発見です。

言い換えるなら、私たち自身の存在をそれとして知る、このシンプルな知は、他からの承認を必要とせず、それがそれ自体を証明しています。無論、この発見をまとめあげるのは思考ですが、発見そのものは思考から生まれたのではありません。

この発見が暗示することは、シンプルでありながらも深淵です。私たちのすべてにとって、平安、幸福、愛は私たちの本質であり、いつもここにあって、いつでも触れることができます。言い換えるなら、私たちが人生において真に求めているものは、いかなる状況においても、私たちの存在を真に、シンプルに知ることにおいて、あらゆる瞬間に触れることができるのです。

私たちの思考や活動の大部分を近くから正直に見つめてみると、そのほとんどが未来の状況をコントロールし、物や人間関係を手に入れることによって、平安、幸福、愛を確かなものにすることを志向していることがわかります。

架空の未来に平安、幸福、愛を投影することで、すべての体験の中心にある平安、幸福、愛を覆い隠しているのです。

架空の、内側にある自己は、平安、幸福、愛をこのように覆い隠すことから生まれます。そして一度生まれる、つまり想像されると、ありもしない未来に、決して見つかりはしない何かを探し続けることを運命づけられてしまうのです。

これは人間にとって大いなる悲劇であり、喜劇です。

永遠の今

すべての体験は、今、起こっています。

往々にして私たちは、今を、際限ない過去と際限ない未来との間に挟まれた断片として捉えます。言い換えるなら、「今」は、時間の継続期間、時系列の中で刻々と動いていく「今このとき」として捉えられています。

今は疑いなく知られ、体験されています。では、時間はどうでしょう？

時間はふたつの出来事の間の継続期間です。たとえば、今日の朝食と明日の朝食の間には二十四時間があることになります。けれど、この継続期間の、私たちの実際の**体験**とはどのようなものなのでしょう？　今この瞬間における、今朝の朝食の体験とは何なのでしょう？

それは、思考やイメージでしかありません。そして、明日の朝食もまた思考やイメージでしかありません。すべての思考やイメージは、過去や未来ではなく、今、起こっています。言い換えるなら、今、ここには、今朝の朝食や明日の朝食の**実際の**体験はありません。私たちは朝食についての思考やイメージを体験していて、それが今、起こっているのです。

今朝、朝食を食べたとされている時間も、明日、朝食を食べるだろうとされている時間も、どちらも想像にすぎません。実際に体験されているわけではないのです。

実際の朝食の体験が起きるのは、**今**、食べているときだけです。朝食**についての**思考が立ち上がるのもまた、**今**です。

言い換えるなら、私たちが真に知っているのは、今だけです。私たちは、未来や過去について**実際には**知りません。未来や過去について実際に知らないのなら、どうやって時間について知ることができるのでしょう？　そう、私たちには時間を知ることはできないのです。

時間を知らないのなら、この体験が起きている今が、すべての体験が起きている今と同じではないとどうしてわかるのでしょう？　赤ん坊としての私たちの生まれてはじめての体験が起こった今と、この本の文字があらわれている今とが同じではないと、どのようにして知るのでしょう？

あの今と**この**今は違うと言うのは思考です。そして、その思考もまた、今、起こっています。私たちは今から逃れることはできません。今以外の今が存在し得る時間はないのです。

8

今から逃れてみましょう。一秒でいいですから、今から逃れ、過去に戻ってみましょう。できますか？　一分間、未来に身を置いてみることはできますか？　いったいどこに行くというのでしょう？　どこに行けるというのでしょう？

体験にしっかりと寄り添うと、**この**今こそが、いつもここにある**唯一の**今なのだとわかります。それは**永遠に**、今なのです。

この今は、時間の中でどこかに行ったりはしません。今が前へ進んだり後ろへ進んだりするための時間は存在しません。今は、時間の中の一点ではありません。それは時間とは関係ありません。時間からできていないのです。

今は何からできているのでしょう？　今はいつもここにあるのだから、同じようにいつもここにある何かからできているはずです。私たちの体験において、いつもここにあるものとは何なのでしょう？　心《マインド》、体、世界？　いいえ、違います。それは私たちの自己でしかあり得ません。

今は、私たちの自己です。私たちが今にあるのではありません。私たちが今なのです。今は、他のすべてのものと一緒に自己が入っている容れ物ではありません。それは私たちの自己であり、永遠の現存《プレゼンス》です。

体や心《マインド》としての自己ではなく、気づいている現存《プレゼンス》である自己に、今を拒むどのような動機があるのでしょう？　そこに思考がなければ、自己には何の動機もありません。仮に、動機を育んでいる思考の**最中**であったとしても、動機はその思考**でしか**ありません。言い換えるなら、動機はすべて思考のためにあるのであって、私たちの自己とは関係がありません。

「私たちの自己**のために**動機を育む思考があるのだ」と思考だけは信じるかもしれませんが、動機をもつ自己は架空の自己です。架空の自己に動機があるのではありません。架空の自己が動機なのです。動機とはつまり、今を離れ、架空の過去や未来において何かに抵抗し、何かを探すことそのものです。

真の、唯一の自己は本来、すべての動機、計画、目的から自由です。その自由な自己のために、その自由な自己から、結局はすべての動機、計画、目的が生まれるのです。

私たちは純粋な平安、幸福であって、今に抵抗することなど知らず、また、それを何かと置き換えようともしません。

思考があってはじめて、私たちは今に抵抗し、想像し得るより良い状況と置き換えようとします。そこに思考がなければ、今を後にして、未来に平安、幸福、愛、もしくは目覚めを求めようとする動機は起こりません。

平安、幸福、愛を未来に求めるためには、私たちは今ここにある自己の真の性質を忘れ、求めているものが今ここに、自己自身にあることを忘れなければなりません。

幸福探しのまたの名は不幸探しであり、それはつまり、私たちの自己を忘れることなのです。

8

では、何が私たちの自己の現存《プレゼンス》を忘れてしまうのでしょう? 自己には「自己を知らないこと」ができないため、それは私たちの自己ではありません。自己とは、それ自身の知だからです。平安と幸福という永遠の性質、つまり、私たちの真の自己、気づいている現存《プレゼンス》を忘れてしまうのはどの自己なのでしょう? それは架空の自己です。それこそが分離した自己です。

架空の自己は、それを想像する思考から生まれます。それは架空の、思考が生んだ自己であり、平安と幸福は、今この現状にはないと想像します。

もし、幸福と平安がここにないのであれば、いったいどこにあるのでしょう？　「今ではない」どこかでしかありません。この「今ではない架空のどこか」に与えられた名前が、時間です。

実のところ、架空の分離した内側にある自己の性質である抵抗と模索に意味が与えられ、それが繰り広げられる舞台が時間なのです。

分離した自己は、時間は実在しないと認めることができません。そうしてしまったら、自らの夢を追いかける場所がなくなってしまうのです。

今はこの今でしかないことがはっきりわかると、分離した自己による抵抗や模索は崩れ去ります。分離した自己の行き場がなくなるのです。

抵抗や模索が崩れ去ると、分離した自己そのものも崩れ去ります。分離した自己とはそもそも、何かを求める実体ではなく、何かを求める**活動**そのものだからです。

この今が唯一の今で、平安、幸福、愛のすべてが今ここに、この状況にあるということ、今ここに、この状況にしかあり得ないということを体験的に理解したならば、探求は何になるというのでしょう？　目覚めを求める意味とは何なのでしょう？　誰がそれを求めるというのでしょう？

架空の自己が架空の未来にそうした物事を求めるだけであって、思考がなければ、私たちの自己、気づいている現存《プレゼンス》には、現状を否定し、それを置き換えようとする仕組みはありません。

8

このことがはっきりわかると、架空の自己が幸福と平安を探し求めることはなくなります。その時、心《マインド》と体にくつろぎの波が訪れるかもしれません。これまで架空の実体に仕えてきた心《マインド》と体が、この見せかけの暴君から解放されるからです。

その結果、私たちの思考、感情、身振り、態度、行動、活動、人間関係に巣くっていた抵抗と模索もまたゆっくりと解かれていきます。これに伴い、体と心《マインド》の緊張と収縮が解かれるのを感じることもあるでしょう。それが心地よい体験となることもありますが、これは来ては去っていく類いのものです。けれど平安そのものは、やってきて去ったりはしません。

多くの場合、この体と心《マインド》の再編成は徐々に起こりますが、時として劇的に変化することもあります。劇的な変化の結果、心《マインド》と体が混乱し、これまでアイデンティティを見出してきた馴染みの構造が失われ、怖れやパニックが引き起こされることもあります。

この時点では、安全な拠り所であるかつての思考パターン、感情パターンに戻ろうとする気持ちが強く働くこともあるでしょう。けれど、これに屈したら、架空の自己がまた熱弁を振るうだけです。

この馴染みのない、開かれた、新しい景色にとどまる愛と勇気さえあれば、怖れは、私たちの真の性質である平安と幸福を残して消え去ります。

分離した自己の余韻は、努力や規律によってではなく、単にそのような自己は現実には存在しないと知ることで力を与えられなくなり、体と心《マインド》から少しずつ消え去ります。

やがて、体と心《マインド》の全体的な構造は開かれて、くつろいだ本来の状態へと還っていきます。分離した内側にある自己の貪欲な要求に応える必要がなくなり、架空の外側にある世界や他者に不可能な要求を突きつけることもなくなるのです。

このような状態にあるとき、心《マインド》と体はのびのびと自発的であり、その時々のニーズに応え、あるべき姿に還るようになります。何事も時宜にかなうのです。思考、感情、活動、関係性は、体や心《マインド》に痕跡を残さず、結果として、開かれ、広々とし、透明で、愛に溢れます。

過去からの知識が必要となれば、それに触れることもできます。その時に必要なものが、必要なだけ与えられます。状況が必要とすれば、過去や未来を含むアイディアが一時的に採用されることもあるでしょう。けれど、それらが現実として誤解されることはありません。

かつては体と心《マインド》が根深く条件づけされていたため、努力してこうしたことを考えなければなりませんでした。けれど今、体と心《マインド》は、私たちの自己が本来もっている平安と幸福という性質によって再調整されました。かつてのやり方で考えることのほうが、努力を必要とするかもしれません。

「飛行機に何時間乗っていたの?」と友人に聞かれると、一瞬混乱するようになります。いつも今なのだから、移動に時間はかかりません。ひとまず「九時間だよ」と笑顔で答えますが、「九時間」は心《マインド》に捧げられ、笑顔は友人に捧げられます。

8

目覚めとは、そうであるものに対する抵抗の不在、つまり、否定し、別のものと差し替えようとすることなく、起こっていることと完璧に親密であること、と定義することができるでしょう。あまりに親密であるために、自己を全体から切り離し、離れて立って外から状況を眺め、価値があるかないか、良いか悪いか、正しいか間違っているか、望ましいか望ましくないかを判断する余地はありません。あまりに親密であるために、分離した自己が体に逃げ込むための場所も時間もなく、体験の全体性を分割する境界線もなく、内側に「私（me）」はなく、外側に対象物も他者もなく、つなぎ目のない親密な体験だけがそこにあります。あまりに親密であるために、「自己」も「他者」も、「私」も「あなた」も、「これ」も「あれ」も、「今」も「あの時」もありません。完璧に今ここであり、時間のための時間も、距離や空間のための場もありません。

8

私たちの自己であることを練習する必要はなく、練習することもできません。私たちは**すでに**気づいている現存《プレゼンス》であり、あらゆる体験とひとつです。練習できるのはむしろ、自己であるのを**やめる**ことのほうです。これがまさに私たちが毎日行っていることです。けれど、この努力をしているのは、思考と感情が生み落とした、存在しない「私」です。

何十年にもわたり、私たちは、分離した内側にある自己になろうと努力を重ね、台詞と役柄を練習し、そのような実体として考え、感じ、行動し、関係することが第二の天性にまでなりました。けれど、この実体は想像の産物です。思考がこのすべてを引き起こしているにすぎません。

体、心《マインド》、世界のすべてのあらわれと私たちとの関係は、映像とスクリーンの関係と同じです。言い換えるなら、そこに関係性はありません。どれほど親密に見えても、そもそも映像とスクリーンのふたつがあって、関係し合っているのではありません。そこにはいつもスクリーンしかないのです。それが単なるスクリーンであることを忘れたとき、私たちはそれを、家、車、人、建物、空、木、動物などと呼ぶかもしれません。けれど、私たちが覚えていようが忘れていようが、そこにはスクリーンしかないのです。

体、心《マインド》、世界のあらわれと私たちとの関係もこれと同じです。私たちが知っているすべては体験です。実際のところ、体、心《マインド》、世界そのものについては知りません。私たちは体験することを知っているだけです。では、体験が起こるのはどこでしょう？　私たちの自己から離れたどこかで起こるのでしょうか？

体験は、私たちの自己以外の何かからできているのでしょうか？　月の体験と私たちの自己とは、いったいどれだけ離れているのでしょう？　数百万マイルでしょうか？　それとも、月の**体験**、つまり私たちが月について知っているすべては、親密で、すぐそこにあって、私たちの自己とひとつになっているのではないでしょうか？

実際のところ、私たちは体験することを**知っている**のではありません。それを**知る**、体験することと以外の実体があるわけではありません。体験から離れたところに何かが立っていて、遠くからそれを眺めているわけではないのです。体験は、ずっと遥かに親密です。体験とは、それ自体を知ることです。それはそれ以外の何ものでもなく、それ自身によって知られます。体験には、知るものと知られるもののふたつがあるのではありません。ただ純粋に体験することだけが存在します。気づいている現存《プレゼンス》である「私（I）」と体験とは、ひとつで同じなのです。

8

心《マインド》の有り様をいかに維持するかということではありません。心《マインド》がどう言おうとも、すでにある状況をはっきりと理解すること。すべての問題は思考にあり、私たちの**自己**にあるのではないとはっきりと理解すること。すべての状況に気づいていて、そこにすべてがあらわれる私たちは、状況の中にあるのではありません。状況が私たちの自己の内にあるのです。

部屋の中で何が行われようとその空間自体に問題がないように、自己に問題はありません。空間は、活動やその結果から、そもそも自由です。

さらには、状況自体にも問題はないのです。問題は常に、思考が思い描いた分離した内側にある自己のためにあります。思考は体験を「私（me）」と「私以外（not me）」に分けます。問題を抱えているのは常に架空の「私」です。体験を二分しようとする架空の仕切りがなくなれば、体験することの親密さ、見て、聞き、触れて、考え、感じることの親密さだけがそこに残ります。

状況の全体性のために特定の体や心《マインド》に求められていることは、それが何であっても、思考、活動、感覚などとして自然にあらわれます。そのような場合、私たちは、体と心《マインド》がそれに関わるか否かを知るだけです。どちらであっても、そこに活動を体験したり操作したりする分離した内側にある自己はいません。

実際のところ、私たちの自己にとっては活動すら本当は存在しないのです。そこにあるのは、今において考えること、感じること、触れること、知覚することだけです。それらはどこへも行きません。何か特別な理由があってあらわれるのでもなく、何らかの結果をもたらすことを運命づけられているのでもなく、何の心理的な痕跡も残しません。

理由、運命、目的、計画、結果は、思考がつくった自己のためのものであって、唯一真の自己とは何の関係もありません。

体と心《マインド》の活動における究極の目的は、幸福を見つけることであり、スピリチュアルな文脈では目覚めを得ることでしょうが、これらはどちらも同じです。けれど、私たちの自己は**すでに**、心《マインド》が探し求めているそれそのものです。

幸福とは、体や心《マインド》、世界の条件によるものではなく、私たちの存在《ビーイング》をそれとして知ることそのものです。それは、永遠にここにある私たちの性質です。すべての体験の背後にあって、静かに輝き、認められれば前方へと溢れ出し、すべての体験をその性質で満たします。

これこそが自由です。この自由は体験から乖離しておらず、また知的な逃避でもありません。それは、あらゆる体験の中心にいつもある自由です。

Part 3

分離した自己の源

The Origin of the Separate Self

分離した自己の本質的な形態

分離した自己の本質的な形態とは、私たちの自己、つまり気づいている現存《プレゼンス》は体験のごく一部に浸透するだけで、**すべての**体験に親密に平等に広がるのではないと空想する思考です。こうした思考と感情の群れを、この本では「私‐体‐心《マインド》」と表現しましょう。

これは、スクリーンがその上に広がる**すべての**記録や画像に浸透するのではなく、その内の**ひとつだけに**浸透すると考えるのと同じことです。厳密に言えば、スクリーンが記録や画像に**浸透する**ことはありませんから、この表現も正しくありません。スクリーン**なくして、**スクリーン上の記録や画像に実体はありません。

実際のところ、記録や画像という独立した実体は存在していません。そこにあるのはスクリーンだけです。「記録」や「画像」はスクリーンに与えられる名前であり、スクリーンが映し出す形でしかありません。

スクリーンの側から見てみると、記録も画像も独立して存在してはいません。そこにはスクリーンしかありません。けれど、スクリーンの存在が軽視されると、記録や画像はそれ自体で独立したものと見なされます。

言い換えるなら、記録も画像も、それらの架空の視点に立ってはじめて現実と見なされるようになるのです。スクリーンの存在が忘れられたとき、記録や画像は現実であると主張するようになります。スクリーン以外の何か、たとえば、言葉、色、形、物などから成る、現実的で分離し、独立した対象物のように見えてくるのです。けれど、スクリーンの唯一現実の視点に立ってみると、そこにあるのはスクリーンだけであることがわかります。

言い換えるなら、現実には、スクリーン、記録や画像、というふたつのものがあるわけではありません。あるのはスクリーンだけです。ふたつの（もしくはそれ以上の複数の）ものは、真実、つまりこのたとえで言えばスクリーンが見過ごされることで、その姿があらわれてくるのです。

体験もこれと同じです。私たちが知るすべては体験であり、体験を**知る**「私」や「私たち」が独立して存在しているわけではありません。そこには体験、体験することがあるだけで、それは本来、**体験する**側と**体験される**側に分かれてはいません。

唯一現実の視点である体験の側から見ると、体験することはそれ自身ととても親密にひとつになっているため、自らを「何か」として、たとえば体、心《マインド》、世界として知ることはありません。それ自体を「何か」として知るためには、体験することはふたつの領域に分かれる必要があります。純粋でつなぎ目のない親密な体験としての本質を忘れ、体験全体の小さな一部分でしかないと想像しなければなりません。

けれど、これは体験があえてそうしていることです。体験は、自らをあたかもふたつに分割するかのように見える、思考という形をとるのです。

このように体験をふたつに分かつことで、思考は、自己は体験の一部、「知る者」であり、残りの体験は「知られるもの」になると想像することができます。

架空の分離した知る側からすると、知られる側にあるものは明らかな実体をもつように見え、やがてそれらは現実味を帯びるようになります。

しかし、知られるものとなった見かけ上の分離した存在は、思考がはじめに、私たちの自己は分離した内側にある主体であり、「知る者」であると想像したことに由来します。

言い換えるなら、私たちの自己、つまり気づいている現存《プレゼンス》は、体の中に、体としてあるという信念により、分離した内側にある自己がつくられることで、体、心《マインド》、世界といった対象物もまた現実で実質があるという信念が立ち上がるのです。

現実、つまり私たちの実際の体験においては、すべての体験はつなぎ目もなく、ひとつです。内側にある自己と、外側にある対象物、他者、世界という二元性は、実際には決して体験されません。それは常に、ただの空想でしかありません。

比較対象はないため、このたったひとつの要素を何と呼ぼうと関係ありません。しかしながら、体験の要素が何であろうと、それは私たちの自己からできているので、気づきや現存《プレゼンス》という名前が適していると言えます。

この親密で、他者性や分離のない状態は、愛として知られています。愛は、あらゆる体験における自然な状態です。

8

時に体験は、「体験とはつなぎ目のないひとつのものではなく、知り体験する主体と、知られ体験される対象物、他者、世界のふたつに分かれているのだ」と**想像する**、思考の形をとることがあります。

この時、主体は「私」として、対象物、他者、世界は「私以外」として知られます。思考は、体験を分離したふたつの部分に分けるように見え、そしてそれらは、知り、感じ、知覚するという行為を通じて関係し合うのだと見なされます。

体験をふたつに分けることが、架空の内側にある自己を生み出し、その結果、外側にある対象物、他者、世界が生まれます。この信念により、体験のつなぎ目のない親密さは、すべての体験の本質である愛とともに闇に覆われてしまいます。

この時、気づき以外の何かが存在するかのように見えてきます。そして、自己があらゆる体験に平等に浸透していると感じる代わりに、体験の小さな断片でしかない体と心《マインド》だけに自己が浸透しているのだと感じるようになります。

やがて私たちの自己、気づきは、見かけ上、体と心《マインド》の内側へと収縮し、世界や他者は外側に投影されたかのように見えます。

こうして体験が自己と世界のふたつの領域へと分離することで、体験の本来の性質である愛は覆い隠されてしまいます。だからこそ、架空の内側にある自己は、架空の外側の世界において、愛を確かなものにしようとさまようことになるのです。

8

この体験のふたつの領域への見かけ上の分離は、ふたつの映像がスクリーンに半分ずつ映し出されるとき、スクリーンそのものもふたつに分かれていると想像するのに似ています。そして思考は、スクリーンが**ひとつの**映像に収まっているなら、もうひとつの映像は「スクリーン以外」の何かでできているのだと想像するようになります。

思考がつくり出す「私」と「私以外」もこれと同じように想像され、体験のつなぎ目のない親密さに重ねられます。そして、私たちの自己、気づいている現存《プレゼンス》は**すべての**体験と同じように親密で、**すべての**体験に同じように浸透するのだとは考えず、その内の一部にしか浸透せず、一部とだけ親密だと考えます。その一部である体と心《マインド》が、「私」として捉えられるようになります。

自己が浸透せず、親密にならなかった残りのすべては、「自己以外の何か」、「気づき以外の何か」でできていると考えられるようになります。この「気づき以外の何か」、「私以外」は、「物事（matter）」として知られるようになりますが、これは思考が生み出したものであって、実際に体験されているわけではありません。この概念自体は二千五百年前、ギリシャ人によって発明されたものですが、科学者は今日に至るまで、それそのものを発見していないのです。

気づきとは異なる、独立した外側の世界という現実を信じることは、内側にある自己を現実として受け入れることの当然の結果です。これらふたつは同時に生じます。このため、分離した内側にある自己が崩壊すれば、分離した外側の世界も自ずと崩れ去り、区別、分離、分割とは無縁の愛だけがそこに残されます。

このように、私たちの世界体験は常に私たちの理解を反映し、それを裏づけます。限界があり、場に囚われた内側にある自己として自らを捉えるなら、世界や他者もこの信念を反映するように見えます。それは分離した、遠いところにある、自己とは関係のないものになるのです。世界や他者は、平安、幸福、愛の源であるか、それらを脅かすものであるかのどちらかにしか見えなくなります。結果として、私たちとそれらとの関係は常に、惹かれるか反発するか、求めるか抵抗するかだけになってしまいます。

しかし、分離した内側にある自己などないことがはっきりすると、この同じ世界が、この理解を体験において裏づけます。二元的信念も非二元的理解も、世界はそのどちらをも同じように受け入れるのです。これこそが世界がもつ神秘です。

分離した内側にある自己と分離した外側の世界が崩れ去ると、体験は真の姿をあらわします。それはもはや、心《マインド》、体、世界から構成されているようには見えず、そのように感じられることもありません。

このような体験的理解のなかで、体、心《マインド》、世界の体験は、純粋でつなぎ目のない親密な体験に溶け去っていき、体験の本質は、純粋な気づきそのものとしての姿をあらわします。すべての体験は、私たちの親密な存在《ビーイング》が姿を変えたものだとわかるようになるのです。

平安と幸福を覆い隠すもの

体、心《マインド》、世界の対象物のすべて、つまり思考、感情、感覚、知覚のすべては、私たちの自己、気づいている現存《プレゼンス》の内に平等にあらわれます。

しかし思考は、私たちの自己は体や心《マインド》とだけ結びついた存在であると定義します。こうしていまや、「内側」にあると見なされた自己とは離れた外側に、世界が投影されるようになります。

このように考えることで、私たちの真の自己、気づいている現存《プレゼンス》は、すべての体験に同じように浸透するにもかかわらず、体と心《マインド》にしか浸透しないように思われます。実際にはそうではないのですが、「私‐体と心《マインド》」になったように見えるのです。この信念により、体の内側にあるように見える新たな「私」という実体が、明らかに存在するように見えてくるのです。

私たちの自己を体と心《マインド》とだけ結びつけることで、自己が本来もっていた性質は、限界を抱えた対象物の特徴である性質と交換されてしまいます。

自己を特定の体と心《マインド》とだけ結びつけることにより、開かれた、空《くう》で、広く、輝き、いつもここにあり、不滅である自己の性質は覆い隠され、私たちは、限界を抱え、小さな破片であり、規定され、生まれ、変化し、死すべき存在としての自分自身を体験するように思われます。

こうして私たちの自己は、体の内側にある物理的・精神的実体と見なされるようになります。結果として、私たちは内側にある分離した自己として自らのことを考え、感じ、それはもや**すべての**あらわれと親密にひとつであると感じることなく、他者や世界から切り離され、ひとつの体、ひとつの心《マインド》とのみ親密だと感じるようになります。

自己をひとつの体と心《マインド》とだけ結びつけることで、私たちの真の性質に本来備わる平安、幸福、愛は覆い隠されてしまいます。

このように信じることで生まれた分離した内側にある自己は、平安、幸福、愛といった性質を欠いているように感じられます。そして、想像の産物にすぎない分離した内側にある自己は、失われたように見える平安と幸福を外の世界において確かなものにするという使命を常に帯びるのです。

けれど私たちは、平安と幸福を探し求めることで、分離した自己の輪郭をなぞっているにすぎません。

8

私たちの自己は体と心《マインド》に限定され、規定されるというこの考えは、とても脆いものです。この脆い実体は、私たちの自己、気づいている現存《プレゼンス》と、身体的感覚の網目が交わることで成り立つものと考えられています。

私たちの自己と、体と心《マインド》の性質を混ぜ合わせると、偽物の自己、分離した自己が生まれます。分離した自己は、本質的には気づきから生まれているため気づいているようでもあり、一方、体の特徴を共有しているように見えるため、その限界を抱えているようでもあります。

言い換えるなら、新たに誕生したこの実体は、体と心《マインド》の特徴、そして運命をも共有しているように見えるのです。心《マインド》と体は、来ては去っていく思考、感覚、知覚から成るため、分離した実体は、本質的に脆く、壊れやすく、このため、いつか消える、つまり死すべき存在としてそれ自身を感じるようになります。

こうして、消滅や死に対する怖れは生き延びようとする心理を生み、これらが架空の自己の本質的な要素となります。

この根源的な怖れを静めるため、内側にある自己は、その脆い性質を、信念、感情、連想によって具体化しようとします。こうして、記憶、希望、失敗、成功、達成、野望、恐怖心、罪悪感、無能感、心配、不安、後悔や、物理的な属性がつくられるようになります。

その結果、分離した内側にある自己は、思考、感情、感覚から成る複雑な構造へと成長し、深さ、重さ、意味、大きさ、位置、目的、年齢、国籍、履歴、運命などから成るアイデンティティを発達させます。

これらの性質は複雑に混ざり合い、やがて、きつく編み込まれた一枚の布となります。一本一本の糸は何でもありませんが、交互に織り込まれることで、意味、堅牢さ、耐久性等についての印象を与える表向きの全体性ができあがります。この色とりどりの布がやがて、私たちのアイデンティティになるのです。

しかしこれは、思考、感情、感覚というほとんど何でもない、少し色のついた糸が、空っぽの軸の周りで踊り、お互いに関係し合いながらつくりあげた偽物のアイデンティティにすぎません。

この色とりどりの糸で編み込まれた布は、私たちが纏う洋服のようなものであり、体験において実際には決して見つけられることのない、内側にある自己を包んでいるように見えます。しかしそれは、内側に着る者のいない、ただの古びた洋服です。

中を覗いても、そこは空《くう》で、広がりのある、透明な自己がいるだけです。

では、自己を「見る」のは、この透明な現存《プレゼンス》を認識するのは、いったい何なのでしょう？

私たちの自己、つまり気づいている現存《プレゼンス》だけが、空の、透明な現存《プレゼンス》を「見て」、認識することができます。言い換えるなら、内側を覗き、見かけ上の分離した自己を見つめ続けると、やがて時間を超えた瞬間が訪れ、私たちの自己はそれ自身に気づくのです。

透明な、空の、気づきの現存《プレゼンス》としての立場に慣れ始めると、色とりどりでずしりと重い、偽物の自己という布に糸を足すことをやめるようになります。やがてそれは古びて破れ、縫い目からほつれ出し、次第にすり切れていきます。

分離した内側にある自己の見せかけの堅牢さや耐久性は、思考と感情が寄せ集まってできた洋服のようなものです。それ自体は何でもありませんが――ひとつの思考やひとつの感情がどのような実質をもち得るというのでしょう――織り合わさることで実質があるように見えていたのです。

なかでも感情は最も深く編み込まれており、私たちのアイデンティティを体にきつく閉じ込めています。このため、分離した自己についての知的な理解が得られた後も、分離の感覚とそれに伴う不幸の感覚は、長い間残り続けるのです。

平安と幸福は体と心《マインド》の状態ではない

平安と幸福は、体や心《マインド》の状態ではありません。体や心《マインド》の状態はすべて、どれだけ心地よいものであっても、気づきの中にあらわれては消えていきます。

平安は、動揺や抵抗のない状態、幸福は、欠乏感のない状態と捉えることができます。

動揺、抵抗、欠乏感がないのは、私たちの自然な状態です。気づいている現存《プレゼンス》に本来備わる真の性質です。

抵抗や欠乏感が募ると、私たちの内に自然にある平安と幸福は闇に隠れ、自己は見たところ分離した実体へと収縮してしまいます。

この架空の実体は、今を否定し、現状を否定し、未来に平安と幸福を求めるものとして定義することができます。実際のところ、分離した自己は**実体**ではありません。拒み、求める、**活動**そのものです。

抵抗と欠乏感は、架空の内側にある自己にとって不可欠な要素です。抵抗することで私たちは過去に惹きつけられ、欠乏を感じることで私たちは現状ではない何かを**求め**、未来へと駆り立てられます。

このように、抵抗と模索は、分離した自己にとっての不可欠な形態であり、それは今を拒絶することで生まれます。

今を拒絶するためには、「今以外」の何かを想像する必要があります。それが時間です。分離した内側にある自己は、時間の生みの親でもあります。

8

体と心《マインド》の**肯定的な**状態ではなく、動揺と欠乏感が**ない**ことこそが平安であり幸福であると捉えると、それらが対象化されることはなくなります。すると平安と幸福は、心《マインド》、体、世界の領域において探求される対象物ではなくなり、体、心《マインド》、世界の状態がどうであれ、いつもここにある私たちの存在《ビーイング》をあるがままに、シンプルに知ることと同じになります。

思考が引き起こす抵抗と模索によって、私たちの本来の状態である平安と幸福が闇に隠れると、体は大きな影響を受けます。実際、体は心《マインド》の活動を反映します。

そしてそれは、分離の感覚を孕む体に緊張の網となって広がっていき、確かに、分離した内側にある自己を人格化するのです。

長年にわたって緊張状態は慢性化し、体のあらゆる層に広がり、姿勢、身振り、動き、活動、人間関係などにあらわれるようになります。

特定の状況、物、人間関係を手にすることで、思考が抵抗と模索を一時的にでもやめると、分離した内側にある自己は溶け、常に背後にありながら気づかれずにいた私たちの真の性質である平安と幸福が、時間を超えた瞬間に姿をあらわします。

このように溶け去ることで、分離した内側にある自己の抵抗と模索を表現していた体と心《マインド》は緊張からほんのしばらく解き放たれ、その結果、解放と弛緩の感覚が体と心《マインド》に広がります。

これは、見かけ上分離した自己の特徴である、抵抗と模索の慢性的な活動がやむことの余韻にすぎません。

しかし往々にして、この余韻は平安と幸福そのものであると誤解されます。そのため、私たちの真の性質である無条件の平安と幸福は、体と心《マインド》にとっての対象物となってしまうのです。

体と心《マインド》にとっての対象物はすべて一時的なものですが、私たちが求めているのは永遠の平安と幸福です。けれど、人類のほとんどが永遠の平安と幸福を、一時的な対象物、つまり、体と心《マインド》の状態に求めてしまっています。だからこそ、平安と幸福を探し求めることは、仮にそれがスピリチュアルな探求であったとしても、同じことが少し洗練されているだけのことで、はじめから失敗することが運命づけられているのです。

このように、私たちの多くは常に不満を抱えた状態にあって、認識されているような形では決して見つかることのない何かを求めており、このため、時おり一休みしながらも、終わることのない不満のサイクルでさまようことを余儀なくされています。

しかし、この一休みが体と心《マインド》における状態であると誤解されているため、サイクルは際限なく続きます。結果、程度の差はあれ多くの人々が、友情や親密な人間関係として、物や活動への執着として、ひいては人類全体や地球への脅威となる活動としてあらわれる、葛藤の状態を生きているのです。

活動であり実体ではない分離した自己

不幸や苦しみの体験をつくり出す抵抗と模索のプロセスは、思考と感情による活動です。分離した自己は実体ではありません。それは、抵抗と模索の活動そのものです。

抵抗と模索の活動が終わると、見かけ上の分離した内側にある自己も消えてなくなります。思考と感情による活動は、私たちの自己、気づいている現存《プレゼンス》の内におけるひとつのあらわれであるため、それが消えてなくなると、そこには私たちの自己だけが残されます。

言い換えるなら、気づいている現存《プレゼンス》である私たちは、思考や感情の活動をもはや知らず、開かれた、空《くう》の自己をシンプルに知るのです。私たちの自己、私たち自身の存在《ビーイング》をシンプルに知ることが、平安と幸福の体験です。

思考がなければ時間も存在しないため、この瞬間は時間に縛られません。平安、幸福、美、愛が時間を超越するのはよく知られたことです。「美しさに息を呑んだ」と言うとき、私たちは、思考が働く余地のない完全な静けさへとまさに連れ去られたと言っているのです。

これまで見てきたように、思考がなければ抵抗や模索もなく、架空の内側にある自己も存在しません。内側の自己がなければ、外側の対象物、世界、他者もなくなります。それらは誤った信念というコインの表裏だからです。

そこに残されるのは、純粋な存在の、描写することのできない親密さだけであり、それこそが平安、幸福、愛そのものです。

言い換えるなら、平安と幸福とは、架空の自己が溶け去ることと同じです。

このような理由から、架空の自己は、それが求めている平安と幸福を決して**見つける**ことができません。探し求める活動そのものが、探求する思考のすぐ「後ろ」にいつもある平安、幸福、愛が知られ、体験されるのを阻んでいるのです。しかし、かといって、探求を**やめる**こともできません。

言い換えるなら、架空の内側にある自己が不幸そのものなのです。そして、平安、幸福、愛とは、存在そのものをシンプルに知ること、気づきがそれ自体を知ることであり、つまり、分離した内側の自己である活動が溶け去ることです。

だからこそ、分離した自己は、決して幸福を体験することができません。灯りを求め、それとひとつになろうとする蛾と同じです。炎に触れた瞬間、蛾は死にます。死こそが、炎とひとつになれる瞬間なのです。その時、蛾は炎に**なり**ます。こうすることでしか、炎を知ることはできません。

分離した自己もまた、平安、幸福、愛を体験することはできません。その中で死ぬことしかできないのです。

蛾と炎の関係と同じように、私たちがそれが自分であると想像している分離した自己も、炎に触れることで炎になります。時間を超えたその瞬間に、抵抗と模索は架空の内側にある自己とともに終わりを迎え、架空の自己を呑み込んだ炎だけがそこに残されます。つまり、私たちの本質的な存在だけがそこに残るのです。

実際のところ、私たちは何かに**なる**のではありません。認識されていてもいなくても、私たちのアイデンティティはいつも変わらず気づいている現存《プレゼンス》でしかなく、そこに押しつけられていた信念や感情が解かれると、分離した自己、限界を抱えた実体へと変化したように見えていたものが、抵抗も模索もない自然な状態に還るだけなのです。

そこに残されるのは、体験することのつなぎ目のない親密さだけであり、そこには思考が入り込み、分離した自己が立ち上がり、対象物、他者、世界を切り分ける時間はありません。

その時間を超えたところには、私たちが焦がれていたもの、つまり、すべての体験の中心にあって光り輝き、認められることを待ちわびていた、平安、幸福、そして愛が佇んでいます。

8

架空の自己が、特定の小さな体験、つまり、体や心《マインド》と呼ばれる思考と感情の断片に自らを封じ込めようとする信念や感情から自由になると、そこには存在する唯一の自己があらわれ、すべての体験に平等に親密に浸透します。

私たちはそれに**なる**のではありません。私たちは、**いつも、ずっと**、それ**でしか**なかったのです。

自己を体と心《マインド》という限界に閉じ込めていた囚人服は脱がされ、自己は自己をそれとして認めます。

私たち自身の存在をただシンプルに認識すること。それは、平安、幸福、愛の透明な体験です。

体と心《マインド》が再びあらわれたとき、それらは私たちの本質である平安にたっぷりと浸されます。

時間を超えた平安、幸福、愛の体験に体と心《マインド》は再調整され、結果として、さまざまな心地よい状態があらわれます。その状態はまちまちですが、これまでに体験したことのない奇妙な体験の場合もあれば、より穏やかでゆっくりと溶け出していくような体験であることもあります。

しかしながら、こうした状態はやがて時間の中に消えてしまいます。もし、その平安、幸福、愛を体と心《マインド》の状態として理解するなら、それらは体と心《マインド》の状態とともに消え去ってしまったのだと考え、私たちは幸福探しに舞い戻ることになります。模索が始まると、分離した自己が甦り、これに呼応して私たちの本質は覆い隠されてしまいます。

私たちの多くにとって、深い眠りは、私たちの本質である平安と幸福につながる主要ルートです。真の自己は深い眠りの中で、架空の分離した内側にある自己であることの重荷から自然と解放されます。このため、深い眠りは平安に満ちており、だからこそ、私たちはそれを求めてやまないのです。

深い眠りから目覚めるとき、体と心《マインド》は、私たちの本質である平安に満たされてあらわれます。けれど多くの場合、そこに心《マインド》が再びあらわれることで、抵抗と模索のゲームが再開されるのです。

今を否定することで架空の自己は再生し、「遥か遠い国」、すなわち、分離し遠く離れた架空の外側の世界へと探検に出かけ、眠りの中にあった平安を探し求めます。けれどそれは、今やまさにその欲求によって覆い隠されてしまいます。

これが分離した自己の宿命です。分離した自己は、平安、幸福、愛を貪欲に求めることによって定義され、地獄として伝統的に知られてきた状態を生きています。しかし、地獄は実際の場所ではありません。自分自身を分離した内側にある自己、世界や他者から切り離されたものと考え、平安、幸福、愛を、ありもしない未来に絶え間なく追い求め、それ自体の活動によって生かされながらも消費され、その死、それが溶け去ることだけを求めながらも、求めるのと同じだけ抵抗し、それを永遠に続ける、その状態こそが地獄です。

いくつかの伝統的な、いわゆるスピリチュアルな教えは、この切望をより洗練された形で系統立て、より巧妙な探究と実践の形式において永続させています。すなわち、架空の自己とそれがもち合わせる不幸とを永続させているのです。

遅かれ早かれ、苦しみが増すことにより、もしくは知性により、さもなければ特別な理由もなく、求めることそのものが、求めているものを覆い隠してしまっていることが明らかとなります。

体験を探究することで、この結論に至る人もいるでしょう。一方、結論に至ってから、体験を吟味する人もいるはずです。順番はどちらでもよいのです。大切なのは、私たちが自分とはそういうものであると想像していた分離した自己は、常にまったく存在していなかったのだと知ることです。

分離した自己が崩れ去ると、真の自己が輝き出します。しかしながら、真の自己とは実体があるようなものではなく、体や心《マインド》のような対象物でもありません。世界の中に生まれ落ちて、歳をとり、死ぬことを運命づけられてもいないのです。

今、私たちは、すべての体験がそこにおいて、そして、そこから起こると信じられ、感じられていた、分離した知る者、感じる者、愛する者、知覚する者としての体験から自由になり、限界のない、場に縛られない、いつでも、どこにでも、すべてのものにあり、すべてのあらわれと親密で、けれど、そのどれからもできておらず、小さな体験の断片に押し込められることなく、「地球上のすべてに広がり」、すべての見かけ上の物事に同じように触れる存在として、ここにいます。

この感覚は、新しいものでも珍しいものでもありません。むしろ、懐かしい感覚です。私たちは、ずっとこのことを知っていました。それは、ただそうだと認めることに似ています。その時、私たちは本当の家にいるように感じるはずです。

幸福は決してなくならない

質問：よく自分が不幸だとは感じますが、常に何かを探しているとは思いません。

平安と幸福のない状態は苦痛や不幸の体験として知られ、そこから回復するための模索を伴います。苦しみながらも、平安や幸福を求めない、ということはないはずです。

気づいている現存《プレゼンス》である私たちには、何の抵抗も何の欠乏もありません。気づきは、不足や抵抗を知りません。

体験においてこれが真実であることを確かめるのは簡単です。何であれそれを体験するためには、まずそれが気づきにあらわれる必要があり、気づきにあらわれるためには、気づきがそれを肯定する必要があります。

気づきは、体が座っている部屋の空っぽの空間になぞらえることができます。部屋の空間はそもそも開かれていて、空《くう》で、広々としています。そこにあらわれる何ものにも抵抗することができません。部屋に何があらわれようと、それはすでに空間に「受け入れられて」います。何が起きようと、それに対して開かれ、それを「許す」ことは、空間が気ままに帯びる性質ではなく、空間に本来備わる性質です。

私たちの自己、つまり気づいている現存《プレゼンス》は、この空間に似ています。それは、目に見えるすべてのものに対して開かれ、空で、すべてのあらわれを許し、完全に肯定していますが、それは私たちの自己**そのもの**であって、自己が**行う**何かではありません。

気づきは肯定しか知りません。思考が立ち上がらないかぎり、現状のあらわれを否定し、抵抗するものはありません。思考がなければ模索はなく、現状への抵抗もなく、現状を他の何かに置き換えようとする衝動もありません。

思考が立ち上がらなければ、体験はあまりに親密で、それが「何か」、つまり、体、心《マインド》、世界、「状況」などとして知られることもありません。

そこには体験することの、言葉にできない、純粋でつなぎ目のない親密さだけがあります。この親密さには欠乏感が漂う場所はなく、そのためそれは幸福として知られ、抵抗する余地もなく、そのためそれは平安として知られ、分離し自他を分かつことはなく、そのためそれは愛として知られます。
こうしたことから、平安、幸福、愛は、私たちの自己、気づきの本来の性質であると言えるのです。実際、それは性質ですらありません。平安、幸福、愛は、気づきそのもの、つまり、私たちの自己に与えられた、もうひとつの名前なのです。

8

質問：平安と幸福が私たちの本来の性質なら、なぜそれをいつも体験することができないのですか？

平安、幸福、愛はいつもここにあるにもかかわらず、なぜ体験されないのでしょう？
それは、気づいている現存《プレゼンス》にあらわれる、たったひとつの思考のためです。この思考は、私たちは思考、感情、感覚、知覚を**知る**、気づいている現存《プレゼンス》なのではなく、私たちが、思考、感情、感覚、知覚**そのもの**なのだと言います。

この思考が立ち上がることで、私たちは気づいている現存《プレゼンス》としての自己であることをやめ、そうであることを知ることもなくなり、体と心《マインド》という、限界を抱え、場に縛られた実体になるように**見え**ます。この思考の結果として、平安、幸福、愛という、気づいている現存《プレゼンス》の本来の性質は覆い隠されてしまいます。

私たちが**実際に**気づいている現存《プレゼンス》でなくなることはなく、私たちの内にある本来の性質が消えることもありません。何か他のもの――限界を抱え、場に縛られた体と心《マインド》――になったかのように**見える**だけであり、その結果、私たちの本質である平安と幸福が覆い隠されてしまったかのように見えるだけです。

そして、あらゆる体験の背後、体験の中心に広がる平安と幸福としての私たちの自己を忘れ、体と心《マインド》という、限界を抱え、場に縛られた対象物として自己を知るかのように見えます。

私たちの自己は、気づいている現存《プレゼンス》の、開かれた、空《くう》の空間から、限界を抱えた対象物へと格下げされ、私たちの本質は、平安、幸福、愛といった本来の性質から離れ、対象物がもつ性質を帯びてしまったかのように見えます。そして私たちは、限界を抱え、消滅し、変化し、死ぬことを宿命づけられるのです。

しかし、平安、幸福、愛は決して消えません。模索と抵抗、つまり、分離した内側にある自己を特徴づける活動が溶け去ると、すべての体験の中心にあって、いつでも触れることのできる平安、幸福、愛があらわれ、知られます。この時、この時間を超えた瞬間に、私たちの真の性質である、いつもここにある平安と幸福が体験されます。それがそれを体験するのです。
言い換えるなら、平安、幸福、愛は、そこにあるか覆い隠されるかのいずれかであり、消えてなくなることは決してありません。

8

質問：何かを手にすると幸福を感じますし、特に、恋愛では相手に対して愛を感じます。物や人が幸福や愛をもたらすと考えるのは、理にかなっているように思われるのですが。

分離した内側にある「私」という思考が立ち上がると、私たちの自己、つまり気づいている現存《プレゼンス》は体の中に閉じ込められ、私たちの存在《ビーイング》をシンプルに知ることに本来備わっている幸福と愛は覆い隠されてしまいます。
このため、私たちの自己を小さな欠片とだけ結びつけることで生まれた、架空の内側にある自己は、そもそも不幸であり、失われた幸福と愛を架空の外の世界に求め続けるのです。

この模索が体と心《マインド》に与える影響は計り知れません。体と心《マインド》を縛り上げ、緊張、動揺、不快さをもたらし、私たちは対象物や関係性を得ることでどうにかして解放されようとします。

多くの場合、この動揺と緊張の状態がその人の特徴をつくり、活動、対象物、関係性によってこの状態から逃れようとすることが、その人の人生全体を多かれ少なかれ形づくるようになります。

求める対象物や関係性が手に入ると、模索の活動はしばし休止します。この休止において、私たちの自己の自然な状態である幸福と愛は覆いを解かれ、その瞬間、私たちの体験の中で輝きます。

実際は、その瞬間だけに輝くのではありません。心《マインド》がなければ、そこには時間もありません。幸福と愛は時間を超えた今、永遠に輝いています。

しかし、対象物や関係性を手にすることが幸福や愛を**生む**のではありません。模索が一時的に**やんだ**ため、それに伴う緊張と動揺が解け、背後に静かに佇んでいた幸福と愛をありのままに感じることができるだけなのです。

幸福と愛は、実際には常に感じられますが、分離した自己の思考によるプリズムでその姿は変化し、求め、欲する状態として体験されます。

このように、求め、欲することがもたらす葛藤の状態すら、実際には生来の幸福の表出です。憎しみすら、愛から生まれるのです。

分離した自己が消えることで、体と心《マインド》の緊張と動揺は一時的に解かれ、結果として、安らかさ、軽やかさ、よろこびの波が体と心《マインド》を通じて流れ込みます。この波は、平安と幸福の、時間を超えた透明な体験の余韻であり、体と心《マインド》の体験ではありません。

体と心《マインド》が再び登場し、私たちの真の性質に飛び込むと、最初は、かつてそこにあった緊張と動揺は洗い流され、心地よい状態が立ち上がったように見えます。

しかしここで、分離した自己などまったく存在していないことがはっきりと理解されていなければ、架空の自己による思考と感情のゲームが再開し、抵抗と模索という特徴を体と心《マインド》に刻みつけ、結果的に、お馴染みの緊張や不安が舞い戻ってきます。

私たちの実際の体験において、分離した内側にある自己は存在しない、存在していなかったということがはっきりわかると、それは再生されません。ですが、ひとたび真の性質へと溶け込んだからといって、架空の存在の古い余韻が体と心《マインド》から完全に洗い流されるわけではありません。

それは、波が浜辺に打ち寄せることで、子どもたちが浜辺に描いた砂の絵が少しずつ消えていくのと似ています。波が打ち寄せれば、絵は部分的に消えますが、その線がどれだけ深く掘られていたかによって、波がどれだけ打ち寄せなければならないかが違ってきます。

同じように、分離した内側にある自己の思考と感情の残滓は、心《マインド》、特に体に爪痕を残します。透明で開かれた、愛に溢れた私たちの真の性質が本当の意味で浸透するには、いくらかの時間、場合によっては数年を要することもあるのです。

欲望の終わりを望む

幸福と愛について、心《マインド》は何も知りません。心《マインド》が消え去ってはじめて、時々雲に覆われたように見えながらもいつもそこにある幸福と愛は、時間を超えて、私たちの体験に輝き出します。

雲の切れ間だけに太陽が輝くのではないのと同じで、幸福と愛もまた、その「一瞬」にだけ輝くのではありません。太陽が常に輝いているのと同じで、幸福と愛も常に輝いています。

この幸福と愛の体験は、いつも時間を超えています。いつも？　時間がないのですから、「いつも」もありません。今？　時間がないのですから、「今」もありません。心《マインド》は時間のない世界を泳いでいますが、時間のない世界にたどり着くことはできません。

時間を超えた幸福と愛の体験に思考はありませんが、思考が、それらを時間と空間の言葉に翻訳してくれます。私たちの真の性質である時間のなさを心《マインド》が表現するとしたら、「一瞬」が精一杯なのかもしれません。

心《マインド》がそこになければ、体験が、分離した内側にある自己と、分離した外側にある対象物、他者、世界に見かけ上分割され、体験の真の性質を曇らせることはなくなります。

このように、幸福と愛は、内側にある自己が対象物、他者、世界を知り、愛し、知覚する体験ではありません。幸福と愛は、時間を超えて、いつもここにあります。

幸福と愛は、分離した自己がすることのできる体験ではありません。私たちが、それが自己だと信じ、感じている分離した実体が死に、溶けてなくなることが愛であり、幸福です。だからこそ、私たちは幸福と愛が大好きで、それらは体と心《マインド》に深い影響を与えるのです。

言い換えるなら、私たちが真に愛し求めているのは、物でも人でもありません。もし物や人が幸福と愛の源であるならば、それらをひとたび手に入れれば、幸福と愛は提供され続けるはずです。そして、それ以上求める必要もないはずです。けれど、かつて幸福と愛をもたらすように見えた人や物がいとも簡単に不幸の源になってしまうことを、私たちはよく知っています。

私たちが真に求めているのは、長い間体と心《マインド》に浸透し、私たちの内にいつもある幸福と愛を覆い隠してきたように見える緊張状態から自由になることです。

言い換えるなら、私たちは渇望の終わりを欲しています。欲望の終わりを望んでいます。つまり、私たちの本質である平安、幸福、愛だけを求めているのです。

これまで遠く離れていたように見える自己に還ることこそが、私たちが求めるすべてです。

8

では、自己から離れていたのはいったい誰なのでしょう?

それは私たちの真の自己ではありません。気づいている現存《プレゼンス》は「いつも」その本質である平安の内にあります。「遠くの国」に出かけてしまうように見え、故郷に戻ろうとするのは架空の自己です。けれど、架空の自己は、架空の自己の視点から見た場合にのみ実在する自己です。唯一真の視点（結局は、それは視点ですらありませんが）から見れば、架空の自己は存在しません。そこには愛と、愛が隠された状態があるだけで、愛がなくなることは決してありません。

幸福と愛が覆い隠され、架空の外側の世界にそれを求めるものの、その模索が崩れ去り、そして最後には雲が晴れる。この仕組みがはっきり理解されると、人生には深遠な変化が起こります。

対象物、他者、世界に要求や期待をもって近づくことはなくなり、私たちの思考、感情、活動、関係性は、その大きすぎる重荷から解き放たれます。

しかし、すべての欲望が分離という信念と感情のあらわれであると考えるのは間違いです。欲望には二種類あります。ひとつ目は、分離した内側にある自己の思考から生じる欲望で、物、状況、人を通じて、幸福と愛を見つけようとします。ふたつ目は、私たちの存在《ビーイング》から直接生じるもので、分離の感覚によって変形することなく、形ある世界、つまり対象物、活動、関係性などを通じてそれ自身を表現し、分かち合い、祝福しようとする欲望です。

言い換えるなら、ひとつ目は幸福と愛**へ向けて**放たれ、ふたつ目は幸福と愛**から**放たれています。

究極的には、欲望は**すべて**、私たちの自己**である**平安、幸福、愛の表現です。しかし、このことがしっかりと理解されないと、幸福と愛は私たちの活動や関係性の源ではなく、その目標であるかのように見えてしまうのです。

模索の失敗

すべての心理的な不幸は、私たちの自己を、限界を抱え、場に縛られた実体に閉じ込めてしまうことによるものです。

実際に限界を抱え、場に縛られた実体になるのではありませんが、この幻想は強力で、私たちのほとんどは、思考がそれを私たちの自己だと想像する、分離した自己として考え、感じ、活動し、関係しながら、生涯を過ごしていきます。

私たちの自己の内にある平安と幸福は、私たちの存在《ビーイング》をありのままに知ること、それ自身を親密に知ることに由来します。

これは知性による知識ではありませんが、知的に表現することもできます。それは、思考が立ち上がる前に、私たちの存在の親密さから導き出される知識です。特別な何かでも、見知らぬ何かでもありません。実際には、思考がこの理解を覆い隠す傾向にあるため、未知のように思われているだけです。

しかしながら、どれだけ暗い映像であっても、それがスクリーン自体を曇らせることができないように、思考が私たちの本質を曇らせることはできません。もし、私たちの真の性質である平安と幸福が本当に覆い隠されてしまうなら、私たちは何を求めればよいのかすらわからなくなるはずです。真っ暗闇の中にあっても平安と幸福の光が輝いているからこそ、私たちはそれを探そうとするのです。

実際のところ、平安と幸福を探し求めるのは分離した自己ではありません。分離した自己は対象物、つまり思考や感情であり、対象物には何かをすること、ましてや幸福を探すことなどできません。平安と幸福を探すことはつまり、分離の感覚によって変形させられてしまった、平安と幸福の体験そのものなのです。

言い換えるなら、幸福と、幸福への切望があるだけであり、幸福がないということはありません。愛と、愛が覆い隠されること、それに伴う愛の探求があるだけであり、愛がないということはないのです。

キリスト教には、このことを美しく表現した祈りの言葉があります。「神よ、あなたは愛であり、この愛を通じて、私はあなたを愛します」

それゆえ、私たちは分離した内側にある自己であると信じ、感じることには、本来、平安、幸福、愛の探求が組み込まれています。幸福を、沸騰するお湯の入った鍋にたとえるなら、それにしっかりと乗っている蓋が、さしずめ分離した内側にある自己です。この蓋が私たちの真の性質を抑えつけ、ハートの周りのしこりとなっています。

お湯が沸騰することで生じる圧力は、分離した自己の特徴である抵抗と模索の本質的な姿であり、それはやがて幸福を確かなものにするための、物や活動への執着に姿を変えます。執着ははじめこそ穏やかですが、やがてその激しさを増します。

同様に、私たちの自己は、自らがすべてのあらわれと親密にひとつであることを知っていて、同時に、本来そこから自由です。自己は、自らが体と心《マインド》の宿命から自由であることを、言葉では表現できないあり方で知っています。

眠りの中で私たちは、毎晩この状態を鮮明に体験しています。しかし目が覚めて、複雑な理性の活動が始まると、私たちは自らの本質である平安に満たされた眠りの体験を誤解し、それが差し出す好機を見過ごしてしまいます。

私たちの自己は、世界や他者からはもちろん、体や心《マインド》からも何も必要とせず、何も求めず、それらの宿命である消滅や死をも怖れていません。自己の宿命と、体や心《マインド》の宿命とは別物であると知っているからです。

分離の信念と感覚に私たちの存在が乗っ取られると、まず、死や消滅の恐怖からの本来の自由が覆い隠されてしまいます。実のところ、分離した内側にある自己の見かけ上のあらゆる活動は、死の恐怖を緩和することを目的としているとも言えます。

幸福を求めることと死を怖れることは、同じ症状のふたつの側面です。この症状こそが、架空の内側にある自己です。いつの日かこれは、「分離した自己症候群」として診断されるようになるかもしれません。人類の大部分がこの症状に苦しんでおり、たいていの心理的不幸は、主にこの症状に起因しています。

こうして、見かけ上の分離した自己は、使命を帯びて、外の世界に属すると見なす対象物や関係性の中に幸福を見つけようと躍起になり、自らを襲う死の恐怖を和らげようと必死になります。分離した自己は、模索と恐怖心というふたつの火の間で燃え続けているのです。

8

遅かれ早かれ、回避と模索の活動は失敗を運命づけられていることがわかってくるはずです。

それは絶望、不満、落胆としてあらわれるかもしれません。このような場合、内側にある自己の幻想を持続させてきた通常の思考回路は、達成感を追求できる場を見出せなくなります。

こうして、一時的にせよ抵抗と模索が崩れ去ることで、探求し続ける思考と衝動の後ろに静かに佇んでいた平安の光を、少しの間、垣間見ることができます。

一方、体験を探り、調べることで、その光が垣間見えることもあります。この過程で、体験の事実にシンプルに正直に向き合う勇気をもてば、架空の自己ははっきりと見つめられることに耐えられないため、回避し模索してきた思考は崩れ去ります。このように、模索は模索に終止符を打つのです。

また、分離した自己の思考と感情によっていつのまにか姿を変えていた私たちの真の性質、それ自体の性質が、これといった理由もなく、突然姿をあらわす場合もあるでしょう。

どれほどはっきりと引き起こされたかにかかわらず、この瞬間が私たちの人生を変えます。勇気をもってことの重大さを受け入れ、これまでの考え方や感じ方を手放すと、分離した自己の終焉が始まったことが示されます。この瞬間、私たちは本当の意味で方向転換をするのです。

何十年にもわたり、私たちは体、心《マインド》、世界という対象物に目を向け、自らが求める幸福、平安、愛を届けてくれることを期待してきました。今、私たちは唯一残された方向、つまり、それらを求めていた自分自身を見つめています。この強欲で、頭と胸に住み、思考、感情、活動、関係性を一見牛耳ってきたこの者とは、いったい誰なのでしょう?

思考、感情、感覚、知覚をさかのぼり、その中心に何があったのかを探ってみると、やがてこの探究はひとつの分岐点に差しかかります。何十年もかけて分離した自己のまわりに人生を築いてきたものの、そこにはこの分離した自己は見つからないとわかるのです。

最初、探究は思考に限定されるかもしれません。しかし、分離した自己が心《マインド》にはないとわかった後でも、通常、それが体の中にあるという感覚は長い間残るはずです。実際のところ、架空の内側にある自己の大部分はこの感覚からできています。そうと知ることで、体の内側にある自己の感覚を探ることが突如加速するかもしれません。

ある時点で、分離した内側にある自己は偽物だということがはっきりと、つまり、体験においてはっきりと理解されます。分離した自己は、一度たりともそこにはいなかったのです。いたのは、無限で、場に囚われない、気づいている現存《プレゼンス》という唯一真の自己だけであり、それは、自己とは体と心《マインド》の内側にあり、それらの性質と運命を共有するという信念と感情によって、見かけ上覆い隠されていただけなのです。

はじめは、私たちの自己に還るように感じられるかもしれませんが、それは帰還でも何でもありません。帰還する誰がそこにいるというのでしょう？　真の自己に還るのは架空の自己です。私たちはこれまで、ただの一瞬たりとも真の自己以外の何かであったことはありません。それ以外の何かであったことは、一度たりともなかったのです。

それは、**「私たちの」**自己でもありません。自己が属する「私（me）」は存在しません。人格はないのです。私たちの本質的な存在が、これまで押しつけられてきた信念と感情の層から自由になっただけなのです。

もっと言えば、それすらも正しくありません。映像はスクリーンをそれ以外の何かであるように見せますが、映像がスクリーンそのものを一部分たりとも曇らせることはありません。これと同じで、分離した実体の信念と感情は、私たちの真の性質を曇らせるように見えますが、実際にはそんなことは起こっていません。しかし、この幻影は強力です。平安、幸福、愛が失われてしまったから、物、活動、人間関係の中でそれを見つけなければならないのだと、私たちを納得させてしまうのです。

これを理解することで、内側にある自己がはっきりと見定められ、それはまったく存在していなかったのだとわかるはずです。この理解を啓示や目覚めと呼んでもよいのですが、これは単に私たち自身の存在を知ること、それがそれ自身を知るということです。私たちの真の性質を知らずにいること、無知が、ここで終わりを迎えるのです。

8

近年に至るまで、この理解は異文化の中でより深く探究され、説明され、その文化的背景とともに語られてきました。要点である真実の普遍性は文化的背景と混同されたため、否応なく多くの誤解をもたらしました。

こうした誤解のひとつが、分離した内側にある自己など存在しないとはっきりわかれば、長い間体と心《マインド》を支配してきた無知による表現が瞬く間に終わるというものです。実際には、必ずしもそうとはかぎりません。

体と心《マインド》はよくできた召使いで、訓練してきたことを続けようとします。何十年にもわたり、架空の内側にある自己に仕えるよう訓練してきたため、ほとんどの人の思考、感情、活動、関係性は、架空の自己の飽くなき要求に応えることに向けられています。

そのような自己などなかったのだとわかり、その信念が消え始めても、架空の自己のための思考、感情、活動、関係性の癖が、しばらくの間残り続けることは避けられません。

ですから、分離した内側にある自己などないのだと体験的に理解することで、ひとつの章が終わりを告げますが、この体験的理解を体と心《マインド》、そして世界へと定着させる次の章が幕を開けるのです。

分離を信じることや、そこから生じるさまざまな思考は、比較的早くこの体験的理解に屈しますが、体の感覚や、世界に対する知覚が変化するには、もっと時間がかかります。

分離した自己の感覚は長年にわたりそこにあったため、多くの場合、感情の層となって体の中に積み重なっています。これらの層を理解の光にさらし、その密度と「私であること(me-ness)」の要素を溶かすには、時間と勇気と繊細さが必要になります。

同じように、世界の堅固さや他者性が「私でない(not-me-ness)」感覚を明け渡し、私たち自身の親密な存在の光の変調として姿をあらわすにも、時間がかかるのです。

私たちの存在はこれまで長い間、特定の場所に位置し、一時的で、制限され、固く、生まれて死ぬことを運命づけられているという、体と心《マインド》にとっては妥当な特徴を引き受けてきました。けれども今、この排他的な定義づけは破棄され、私たちの自己が本来もっている性質が、体にも、心《マインド》にも、そして世界にも浸透し始めます。

それらは、すべての形態が終わることなく現存《プレゼンス》に溶けていくなかで、ますます眩く光り輝き、開かれ、空で、透明で、安らかになっていきます。

すべては私たち自身の存在の光とともに輝き出します。
これこそが、キリスト教で言うところの「変容」なのです。

Part 4

体

The Body

体における分離の感覚

自己を体にのみ縛りつけて考えることで、分離の感覚が始まります。この思考が立ち上がる瞬間、それは常に今において立ち上がるのですが、透明な現存《プレゼンス》である私たちの真の性質は、密度があり、固く、物質的な自己、つまり体になったように見えます。

私たちは、限界を抱えた、場に縛られた自己であると**考える**だけでなく、そう**感じる**ようになるのです。

架空の内側にある自己を取り巻く思考は、残響や印象を体に残しており、分離の感覚が溶けてなくなった後でも、長くそこに残り続けます。このように、体は、分離の感覚の格好の逃げ場所になっています。

気づきがいかに無限であるかについて話し続けている最中であっても、分離した内側にある自己は、体の中に心地よく居続けているのです。

実際、気づきの性質について、つまり、すべてがどのようにして気づきにあらわれるのか、分離した実体はいかに存在しないのか、そして、できることは何もなく、誰にも何もできないのだと際限なく話し続けることは、直接正直に対峙するにはあまりにも不快な、根深い分離の感情に対する格好の煙幕となります。

多くの場合、「すべては気づきであって、誰もここにいないし、すべきことは何もない」という理解は、内側の自己によって盗用され、より深いところにある分離と不幸の感情の上に、薄いベニヤ板のように張りつけられてきました。こうして、非二元という名の新たな宗教が生まれるのです。

そこにしっかりと残された苛立ち、悲哀、欠乏感、動揺、孤独といった感情の説明をし、それらを新たな目覚めの状態と調和させるため、架空の自己は複雑に入り組んだ理由づけによって、こうした感情は気づきからできていて、気づきにあらわれるのだと、それ自身を納得させようとします。

結果として、幸福と不幸は選択の余地なく、どちらも同じように気づきにあらわれるのだと考えられるようになります。こうして、分離した内側にある自己は体に隠れ、私たちの思考、感情、活動、関係性を密かに操り続けるのです。

遅かれ早かれ、このベニヤ板は割れ、その下に隠れていた分離した自己をさらけ出します。その時私たちは、体のより深い層にある分離の感覚を探ろうとするかもしれません。分離した内側にある自己の感覚を人格化している、あらゆる感覚を探究しようとするはずです。

まずは、「考える私」、「感じ、愛する私」が宿ると感じられる、頭と胸に主にその感覚があるように思われます。しかし、体の中の「私（me）」の感覚により敏感になると、感情のより深い層が表出し、やがて、すべての層が気づきの光にさらされることになります。

分離した自己は、私たちの不注意から力を得て、体の中の深く暗い感情の層を理想の隠れ家にしています。

分離した内側にある自己は、結局は「私」の物語が張りついた身体的感覚にすぎません。この物語が剥がされると、感覚そのものは、車が行き交う音や青空と同じで、「私」のそれでも、「私以外」のそれでもないことがわかります。けれど、これをはっきりと理解しないかぎり、「私であること」は体の中に居続けることになります。

分離した「私」という感情は、はっきりと理解されることに耐えられません。

こうした感情は、存在《ビーイング》の光にさらされることで「私であること」を失い、純粋な感覚としての本当の姿をさらけ出します。

時が経つと、こうした感覚は、まるで空に浮かぶ雲のように、ありのままに気づいている現存《プレゼンス》の内に体験され、漂うようになります。感覚は、定義、密度、対象性から自由になり、私たちの存在の光と区別できないほどに、その光に満たされます。

そして、体は、私たちの存在の透明さ、光、愛にどんどん浸されるのです。

体の知覚

体の実際の体験は、感覚や知覚の形でやってきます。体は、輪郭のはっきりした固形物であり、内臓を収めるもの、などとして何十年にもわたって存在してきたものの、通常そう考えられているようには体験されていません。

体に関するそのような考え方やイメージはあっても、体自体は考えでもイメージでもありません。私たちの実際の体の**体験**は、私たちが体について抱いている考えと合致しません。ですから、こうした考えやイメージは脇に置いて、実際の体験に向き合ってみましょう。

まず、体に対する視覚から始めてみましょう。どんな瞬間にも、それは体についての従来のイメージとは一致しません。私たちには、体だと言われているものの断片としての体が見えるだけです。いわゆる体のイメージは、記憶から引き抜かれたそのような断片、束の間の知覚の集合であり、まとまりのある固体としての体を表現するために寄せ集められたものにすぎません。

こうした体は、固く、耐久性があり、永続し、現実的であるとの印象を与えるために調整された、記憶をもとにしたコラージュです。しかし、私たちは伝統的なイメージが指し示す体を実際に体験したことはありません。間違いなく価値のあるイメージではありますが、私たちの現実の体験とは一致していません。

あらゆる瞬間において、視覚で知る体は、私たちが通常それとして捉えている体の断片でしかありません。しかし、私たちは体を、断片や束の間の知覚としては体験していません。私たちの体の体験は、現実的であり全体的です。

体のこの現実性と全体性はどこから来るのでしょうか? それは、イメージ、考え、記憶、知覚から来るのではありません。断片から全体性が生まれることはありません。

体の現実性と全体性の実際の体験を説明するため、思考は記憶をたどってさまざまな知覚を照合し、この現実性と全体性をあらわす体のイメージを構築します。

統合された全体としての体の従来のイメージは、私たちが実際に体験する体の現実性と全体性を絵であらわしたものです。けれど、この現実性と全体性は、思考、イメージ、知覚からできているのではありません。

体はつなぎ目のない全体であるという感覚は、私たちの本質的な存在《ビーイング》が有するつなぎ目のなさと親密さの直接的な体験から来ています。体の現実性と全体性は、実際、気づきの唯一真の現実性の反映であり、そこに、体を構成するさまざまな感覚と知覚が重ねられているのです。

言い換えるなら、体は全体性と現実性を気づきから借りています。これは、世界においても同じことです。

8

体は決して孤立したものと見られてはいません。それは常に、世界の諸相を含む全体的な視界の中の一要素です。そして、全体的な視界はすべて、いかなる瞬間であろうと、見ることによってのみつくられる、つなぎ目のない全体です。

視覚により知覚されるこの視界は、思考により、きちんと定義された個々の物体へと多様に複数に分割され、その内のひとつが体だと見なされます。

体験そのものは、このように個々に分割されることを知りません。それは、見ることのつなぎ目のない親密さ、つまり、それ自体のつなぎ目のない親密さを知っているだけです。

私たちが見ている視界全体は、スクリーンと同じように、部分ごとに分かれていなければ分離してもいない、つなぎ目のない全体です。思考が、このスクリーンを多種多様な対象物、つまり、人々、花々、木々、広場、丘、空、鳥などに分割してしまうのです。

架空のひとつの対象物の視点から見れば、それ自体を含めたすべてが、それとしての権利をもつ現実的な存在です。けれど、スクリーンの視点から見れば（これが唯一現実の視点であり、また、実際にはそれは視点ですらありません）、そこには、現実の、分離し、独立した対象物はありません。あるのはスクリーンだけです。

見ることが視界の一部に位置していると考えるのは、映し出された映像の一部にスクリーンが位置していると考えるようなものです。

見ることとの純粋な親密さは、分離した対象物を見ません。スクリーンがそれ自体についてだけ知っているように、見ることは、見ること自体のつなぎ目のない親密さを知っているだけです。

言い換えるなら、分離した自己の視点から見たときにのみ、体と世界は、ひとつの体とひとつの世界になるのです。

通常そう捉えられているような体も世界も実際にはないということがわかると、架空の視点は溶けてなくなり、そこには体験のつなぎ目のなさが甦ります。愛が甦るのです。

体験が現実ではない、という意味ではありません。体験は完璧に現実です。それは否定できません。否定されるべきは、思考が体験の上に塗り重ね、体験のあらわれ方を根深く条件づけてしまう、その解釈です。

独立した個々の物体としての体は、実際の体験に即していない概念です。

体はそれ自体で独立した、現実的な存在として解釈されるというのは、体の内側に住む分離した自己の架空の視点による見方にすぎません。

分離した体に属する分離した自己が成り立つためには、まず思考が立ち上がり、私たちの自己、つまり気づいている現存《プレゼンス》は、見ている視界のすべてに同じようには広がらず、体と呼ばれる小さな断片、宇宙の片隅にだけ浸透すると信じなければなりません。

この思考により、私たちの存在が深く浸透している、見ることのつなぎ目のなさは、私たちの自己、気づいている現存《プレゼンス》が浸透する部分と、そうでない部分から成る、ふたつの基本領域に分けられてしまいます。これは、純粋な見ること、純粋な体験することのつなぎ目のない親密さの、最初の分割です。

この瞬間、私たちの自己、気づいている現存《プレゼンス》は体になり、他者、対象物、世界といったそれ以外のすべては自己以外のものになるように見えます。

通常知覚されている体と世界は、このように体験を想像上二分割することによって**つくり出される**ます。体験のつなぎ目のない親密さは、ひとたび分割されると、さらに多様な対象物へと分離を続け、「数限りない物事」が生まれます。

言い換えるなら、親密さや愛が失われることで、私たちが通常知覚している、分離し、独立し、固く、持続する、物理的な対象物としての体と世界が誕生するのです。

この信念が居座り続けることで、連動するあらゆる体験があらわれ、それ自体を承認し、具現化するように見えます。

この根本的な信念は体に浸透し、やがて感情の編み目となって繁殖し、今度は私たちの活動や関係性にあらわれてきます。その結果、私たちの体や、私たちが行動する世界、そして、私たちが関係する他者は、親密さと愛の根本的な欠落を完璧に映し出すのです。

8

通常そのように捉えられている世界もまた、体と同じで、束の間の知覚からなる抽象にすぎません。けれど、そのような世界の体験の現実性を否定することもできません。では、この現実性はどこから来るのでしょう?

それ自体が現実であるものは消えることができず、何かが消えゆくところにあるものこそが、消えゆくそのものよりも現実です。

たとえば、パンはトーストより、ある意味現実的です。トーストは、パンがもち得る名前と形態のひとつにすぎませんから、トーストの現実はパンだと言うことができます。しかし、パンは小麦粉がもち得る名前と形態のひとつにすぎませんから、小麦粉のほうがパンより現実的であると言えます。小麦粉は確かにパンの成分です。しかし、小麦は……。このように、私たちはどこまでも遡ることができますが、どこかで終わりを迎えます。それはいったいどこでしょう?

すべての対象物が単に名前と形態であるこの世界の、究極の現実とは何でしょう? 私たちが対象物や世界について知っているのは、その知覚だけです。私たちが知覚について知っているのは、ただ、知覚することの体験だけであり、知覚に唯一現存する要素は、私たち自身の存在である、気づきだけです。

気づきは、すべての体験における知の要素であり、世界について私たちが知っているすべては、世界に対する私たちの**知**だけです。私たちは世界を知っているのではありません。私たちは**知ること**を知っているだけです。

では、知ることを知っているのは何でしょう？　知は、外にある何か、それ以外の何かに知られるのではありません。それはそれ自体を知っています。知は、知を知っています。体験は、体験を体験しています。

それゆえ、究極的には、世界を体験することにおいて、気づきは気づきのみを知っているのです。

これまでに体験され、知られたのは、ただそれだけです。

体の感覚

視覚を探ったあとは、体が最もリアルに、最も「自分自身」を感じることのできる実際の**感覚**を探ってみましょう。

目を閉じ、自分が、体にまつわる思考、イメージ、記憶とではなく、体の純粋な**感覚**とだけ結びついていることを確認しましょう。思考や記憶を参照することのない感覚そのものの性質とは、いったい何でしょうか？

目を閉じているとき、私たちが体について知っているのは、物理的な感覚だけです。思考や記憶をたどらなければ、体に対する知識のようなものは何もありません。今の感覚を知っているだけです。この感覚に「体」というラベルを貼るのは、あくまで思考です。

思考がなければ、それは感覚でしかありません。実際、それですら言いすぎです。思考がなければ、今体験していることを感覚として捉えることもありません。それは、ありのままの、親密で、名前のない体験であるだけです。

この本を置いて、目を閉じ、「私の体」とされている感覚を、まるでそれが初めての体験であるかのように体験してみてください。

この感覚を絵に描くとしたら、それはどんなものでしょう？　はっきりした輪郭をもっているでしょうか？　固く、密度があるでしょうか？

それは、三十歳、五十歳、七十歳としての感覚でしょうか？　それとも、それは今にあらわれているでしょうか？　その感覚は男性としてのそれでしょうか、それとも、女性としてのそれでしょうか？　そこに国籍はあるでしょうか？　その感覚はどれだけ重いでしょう？　私たちは重さを実際に体験しているでしょうか？　それとも、それはただの感覚なのではないでしょうか？　**その**感覚に重さはないはずです。

その感覚は「私」というラベルが貼られてやってくるのでしょうか？　思考が感覚に重ねている「私」を除いたら、**実際の**「私」はどこにあるのでしょう？　この感覚を「私」だと定義するのは何なのでしょう？　それは思考です。では、何が思考にそれを許すのでしょう？　体験ではありません。体験が語るのは、まったく別の物語です。

8

今、椅子に座っているあなたの体の体験に焦点を当ててみましょう。目に見える体が、目に見える椅子に座っているという知識は、今ここにある感覚です。そこに集中してみます。

椅子と体は、**ひとつの**感覚の内にあるのではないでしょうか？　しかし、椅子としての感覚は、「私以外」、体としての感覚は「私」であると捉えられています。

いったいどちらなのでしょう？　両方ではあり得ません。体と椅子、**ふたつの**ものということはあり得ません。体験において、それは**ひとつの**感覚だからです。

どちらかがあってこそもうひとつが成り立つのですから、体**と**椅子**の両方**ではないとすれば、椅子**でも体でもありません**。

直接的な体験を鮮明に紐解くと、それは体でも椅子でもないということがわかります。実際の体験においては、この感覚が存在するにあたって、体も椅子もそこにはないのです。体と椅子は、思考によって体験に重ねられた抽象概念にすぎません。

この重ねる作業以前の（実際はその最中ですが）、実際の体験そのものとは何なのでしょう？

思考がそれに名前を与えるやいなや、私たちは抽象の世界に入り込んでしまいます。思考は体験の中心に行って、それを「何か」として「知る」ことはできません。

体験はとても親密でとても近くにあります。体験から逃れて一歩下がり、離れたところからそれを見て、「体」、「椅子」、「物」、「対象」として知り、理解することはできません。

架空の自己にはそのようなことができますが、それは想像の産物にすぎません。

現実においては、それはただの、ありのままの、名前のない、親密な体験であり、知ること、体験することだけ、つまり私たちの自己、気づいている現存《プレゼンス》だけでできています。

すべての体験がそうなのです。椅子だけでなく、野原、道、星、人々、家、車の往来、すべてがそうなのです。

つなぎ目のない親密な体験を、知り、見ている「私」と、知られ、見られる「私以外」のふたつに分けるのは思考です。

この見かけ上の分割が、すべての体験における真の親密さを覆い隠してしまいます。真の親密さには、距離や分離、他者性は少しもなく、それがすべての体験の自然な状態です。分割されることで、知り、感じ、知覚する「私」と、知られ、感じられ、知覚される対象物、他者、世界から、体験が構成されているかのように見えてしまうのです。

8

体という名のありのままの感覚を描くワークに戻ってみましょう。イメージ、記憶、アイディアを参照せずに、この瞬間の直の体験にだけ触れてください。描かれたものは、天の川のような姿をしているかもしれません。空っぽの宇宙に広がる漠然とした点の群れ。実際、そのほとんどは空《くう》の空間なのです。

あなた自身の現存《プレゼンス》の空の空間を、感覚という織物に深く浸透させてみます。対象性、密度、「私であること」に固執し、抵抗する部分があったとしても、時間をかけてじっくりと浸透させてみましょう。

あなた自身の存在《ビーイング》の空の空間が、ただそこにあって、気づいているだけでなく、愛であり、純粋な親密さであることを感じましょう。それは、触れるものすべてを愛しています。

そうすることでしか、愛することでしか、何かを知ることはできません。

私たち自身の存在の、空の、愛している空間は、触れるものすべてをそれ自体に変えていきます。

抵抗し、とどまろうとしている層のひとつひとつに愛を浸透させてみましょう。

体は、思考がすでに忘れてしまったあらゆる傷、拒絶、失敗、怖れ、怒りが収められた倉庫です。それらは体の中で、まるで地層のように折り重なっています。こうした古い感情は体をどこまでも占領し、このため私たちの多くにとって、体は緊張し収縮した、きつく編み込まれた網の目になっています。

緊張と収縮でできたこの層が、体そのものの透明性と広がりを曇らせ、分離した内側にある自己はどこかに住んでいるという印象を与えるのです。

それは、地下室に捨て置かれ、忘れ去られた古新聞の束のようなものです。かつてもっていた意味は失われ、今では休止状態にある、理解不能な感情の塊として体験されています。

多くの場合、こうした感情は眠ったままかもしれませんが、予期せぬタイミングで理性とは関係なく目覚め、分離した内側にある自己の余韻を幾度となくさらけ出すかもしれません。

∞

皮膚の感覚に移りましょう。私たちは普段、体を皮膚でできた容れ物であり、その中には体を構成するすべての感覚が収まっていると考えています。しかし、目を閉じてみると、私たちが皮膚について知っているのはひとつの感覚だけであって、ある感覚が別の感覚の内側にあらわれているのを感じてはいません。

形のない点の群れがページの上に漂っているのと同じように、皮膚感覚を含むすべての身体的感覚は、気づいている現存《プレゼンス》の空の空間を漂っています。

私たちの現存《プレゼンス》の空の空間がそれらを取り巻いているだけでなく、それらに浸透しているのを感じてみましょう。

感覚が漂っているこの空間は、不活性の空間ではありません。それは気づいている空間です。気づきに満ち、知の光に満ちています。

それこそが知、気づきの光であり、私たち自身の存在の光です。

対象物が太陽の光に照らされて見えるようになるように、感覚は、この気づきの空間によって知られるようになります。

対象物として見えるすべてが実際は太陽の光であるように、実のところ、感覚の体験において知られる要素とは、その空間がもつ、知という性質です。

同様に、感覚についての唯一の知識はそれについての知であり、その知は、気づいている現存《プレゼンス》の空の空間に属します。

言い換えるなら、私たちの存在の生気と知が、それ自身に感覚を与え、生命を与え、知ることができるようにし、そこに現実性を授けるのです。

感覚について知られているのは、それについての知であり、その知は私たちの親密な存在に属しています。対象物には属していません。

感覚が属するための独立した対象物は、そもそもそこにはありません。私たち自身の存在、私たちの自己が、感覚にそれ自体の現実味を与え、見たところの迫真性をもたらします。けれど、感覚の、唯一真の現実性は自己に属します。

体が現実のもので、全体的で、独立していると感じてもよいのですが、全体性と独立性は自己に属するのであって、目に見える対象物にではありません。

私たちの自己の存在について忘れたときにのみ、本来自己に属する現実性が、体や世界といった対象物に属すると誤解されてしまうのです。

いつもここにある私たち自身の本質として実際に体験しているものが、体と世界という見かけ上の対象物に投影されることで、それらは見かけ上の現実味、持続性、固体性を得ます。ですが、現実であるのは私たちの自己であり、それは永遠というよりは、いつもここにあります。

目に見えるすべての物事に現実味を与えるのは、私たちの存在の親密さです。

対象物について知るとき、私たちが知るのは私たちの自己であり、つまり、私たちの自己がそれ自身を知るのです。私たちが他者において愛しているのは、私たちの自己だけです。それはそれだけを知り、それだけを愛しています。

すべての欲求はこれだけを望んでいます。すべての友情はこれだけを祝福しているのです。

8

再び感覚に戻ってみましょう。私心のない黙想の中でそこに還るたびに、押しつけられた信念の層がまたひとつ剥がされていくのがわかります。

その密度、固さ、不透明さ、履歴、「私であること」は、どんどん溶けていきます。

感覚は、そのままの姿、むき出しの形で感じられるようになります。透明で、開かれ、空《くう》になり、輝き始めます。

そして、感覚がそこにあらわれる、私たちの存在の気づきの空間の性質を帯びるようになります。

体の実際の体験により深く入っていきましょう。何かを変えるのではなく、信念が積み重ねた解釈から自由になるために、そこにあるものの真の姿を見つめてみましょう。

感覚をそれとして体験しているのではなく、「感じること」を体験しているのだと理解しましょう。

目を閉じて、想像の手を伸ばし、感じることとの体験に触れてみましょう。そこに何か固いものはあるでしょうか？　固いということは、より感じているということです。想像の手はイメージにすぎません。感じることとの体験を旅するなかで、そのイメージは何か固いものに出合うでしょうか？　それとも、風が空を漂うように、感じることのなかを漂っているでしょうか？

立ち上がって動き回るとき、気づいている現存《プレゼンス》である私たちが立ち上がって動き回るのではありません。青空がいつもあるがままであるように、私たちもいつもあるがままです。ただ、新しい風がそこに吹くだけです。

感じることは新たな形をとりますが、それは常に私たちの存在の空っぽの青空からできていて、どこにも行かず、何にもならず、それ自身において永遠にくつろいでいます。

フィルターを通していない、ありのままの体験

通常、体は、皮膚に覆われた容れ物で、内臓、骨などの固形物でいっぱいだと考えられています。目を閉じて、体の体験に直に触れてみましょう。体の表面の感覚、皮膚の感覚に触れ、そして、体の「内側」にあるとされる感覚、たとえば目の裏側の疼きを探ってみましょう。

ひとつの感覚の内側にもうひとつの感覚があるのを体験することができるでしょうか？　できないはずです。どちらの感覚も、私たちの自己、つまり気づいている現存《プレゼンス》の「内側」において体験されるのです。

私たちは世界**の内に**ある体、体**の内に**ある心《マインド》を体験しているのだというこの揺るぎない信念は、実に興味深いものです。私たちが体と世界について実際に知っているのは、一連の感覚と知覚にすぎません。

体験をじっくりと見つめ、ひとつの知覚の内にもうひとつの知覚を、感覚の内にもうひとつ

の感覚を、知覚の内に感覚を、感覚の内に知覚を体験することがあるかどうか、確かめてみてください。それが今においても、いかなる時も不可能だということをはっきりと理解しましょう。

このように、世界の内側に体が、対象物がある、ということを実際に体験した人はいません。「体」、「世界」、「対象物」は、私たちの体験の現実に押しつけられた概念にすぎません。同じように、体験をしっかりと見つめ、知覚や感覚の内側に思考があるのを体験したことがあるかどうか、それが可能かどうか、自問してみましょう。それは不可能です。体の内側、世界**の内側に**、思考、つまり心《マインド》を体験することは決してない、というのが私たちの体験です。

体と世界の体験が、心《マインド》**の内に**あらわれるのではありません。それらは心《マインド》**そのもの**です。

体験はつなぎ目のない全体であり、そこには分離した内側や外側の部分、どこかで見つかる実体というものはありません。

8

実際の体験においては、皮膚が体のさまざまな部分を覆っているのではなく、気づきが、私たちが体と呼んでいる感覚のすべてを「包んで」いるのだということをはっきりと理解しましょう。

言い換えるなら、気づきこそが私たちの真の体なのです。それが体だと私たちが感じているさまざまな感覚は、実際は、この制限のない、境界線のない、気づきの空間を自由に漂っているのだということをはっきりと理解しましょう。

気づきこそが真の体であり、すべてを包む真の「容れ物」であり、すべては、その透明な輝く要素でできています。

では、体のように、気づきの内側に見たところ包まれている対象物とは、いったい何なのでしょう? 目たところの体の重さの感覚を探ると、そこにあるのは感じることの体験だけだとわかります。感じることは、いったいどれだけ重いのでしょう? 考えてはいけません。これは理論ではありません。あらゆる解釈を取り除いた、実際の体験に触れてみましょう。

感じることに重さはありません。体は重さから自由だというのが、私たちの直接的で親密な体験です。「重さ」は、思考によって実際の体験に押しつけられた概念です。

固さのありそうなものに触れるとき、そこにあるのは「触れること」や「感じること」だけです。「感じること」や「触れること」はどれだけ固いのでしょう？　「固さ」もまた、思考によって押しつけられた概念にすぎないことをはっきりと理解しましょう。

しかしながら、対象物が気づき**の内側に**あらわれるという表現は、いわば途中段階にすぎません。対象物の存在を信じることと連動した表現だからです。

気づき**の内側に**あらわれるように見える対象物をじっくりと探ってみると、そこには体験しかなく、体験に重さはなく、それは透明で輝いていて、つまり、知であることがわかります。そこには気づきしかありません。気づきは気づきだけを見出すのです。

8

現存《プレゼンス》のこの空間は大きく開かれていることを知りましょう。それは開放そのものです。それはすべてを肯定しています。すべてを受け入れています。純粋に受け入れ、許します。実際にはそれ以上でしょう。目に見えるすべてのものと完全にひとつになっています。つまり、それは愛しています。

私たちの真の体は、愛と親密さの体です。すべてはその内側で無条件に抱きしめられています。

しかしやがて、その「すべて」や「内側」さえも溶け出し、そこには体験することの親密で、愛する性質だけが残ります。それはそれ自体とあまりに近く、あまりに完全にひとつであるため、内側と外側、近さと遠さ、「私」と「あなた」、愛する側と愛される側を認めることなどなく、ただ純粋に体験しています。

必要なのは、直接の体験からスタートし、そこにとどまることです。体や世界についての概念、イメージ、記憶ではなく、フィルターを通していない、ありのままの体験にとどまることです。

目を閉じて、子どものような気持ちで体のありのままの体験に触れてみましょう。実際の体験だけをじっと見つめると、そこに押しつけられたものや解釈から自由な、それそのものの性質が、それ自身に姿をあらわすはずです。

つなぎ目のない体験はいつもここにある

質問：先ほど、手と扇風機を比喩として挙げていましたね。手で触れた感覚と扇風機の音は同じ場所、気づきにおいて体験されるということです。でも、その場所から離れたら扇風機の音はしなくなりますが、手の感覚はここに残ります。手は、私がどこへ行こうといつもここについているからです。扇風機は私とは別の存在ですが、手は私と一緒であると感じます。いかがですか？

「手は、私がどこへ行こうといつもここについている」と考えるのは思考です。この思考は体験とは関係ありません。手について知っているのはその知覚か感覚だけであり、扇風機について知っているのもまた知覚だけです。あらゆる感覚、知覚は断続的です。このため、手も扇風機と同じように断続的な体験なのです。あなたといつも一緒にいるわけではありません。けれど、私たちの自己、気づきは断続的ではなく、いつもここにあります。

あなたの体験と照らし合わせ、これが正しいことを確認してみてください。一日のうちで、気づきであるあなたはそこにいたけれど、手や扇風機が実際の体験としてはそこになかった瞬間はありませんでしたか？　あなたと常に一緒にあるものだけがあなたの自己であると言えます。体験を近くからシンプルに見つめてみると、いつも「あなたと一緒に」いるのは気づきだけだとわかります。

体験は存在の証明であり、ある何かが体験されていなければ、それが存在しているかどうかは私たちにはわかりません。体験の外側にある対象物、他者、世界が存在しているという証拠はありませんし、後で詳しく述べますが、私たちの体験を近くから見つめてみると、対象物、他者、世界が体験**の内側に**存在しているという証拠もないのです。

扇風機や手、それ以外の何でも、それが体験されるとき、その見かけ上の存在と私たちの気づきとは分かれていません。すべての体験は同じだけ近く、同じだけ気づきと「ひとつ」です。目に見える対象物が消えても、気づきはそれとしてそこに残ります。

いかなる見かけ上の対象物の体験においても、そこにある要素は気づきだけです。「対象物」という考えは、思考によって体験そのものの現実に押しつけられた概念でしかありません。

対象物の**あらわれ**に現実味がないというわけではありません。対象物は**そのようには**一度も体験されていない、という意味です。けれど、体験そのものは疑いの余地なく現実であり、その現実性は気づきに属します。

通常、対象物として捉えられるものは、現実においては、いつもここにある潜在的な気づきの現実性に心《マインド》と感覚が与える、変わり続ける名前と形態です。

「潜在的」という表現は、対象物が分離して存在していると深く信じている人のための、半分だけの真実です。気づきは「潜在して」いるだけではありません。それは、言うなれば「表」にもあります。背後から目撃しているだけでなく、すべての見かけ上の物事の前景でもあるのです。

8

質問：気づきは対象物があらわれるための背景ではなく、その要素でもあると言っていますね？　気づきと、そこにあらわれる対象物がひとつで同じだと考えることができません。何を見逃しているのでしょう？

何も見逃してはいません。体験はそれとして完結しています。むしろあなたは、体験に概念を付け足し、体験そのものではなく概念が正しいと信じ、それゆえにそう感じています。

必要なのは、ありのままの体験の上に概念を重ね合わせるのをやめることです。そうすれば、体験は純粋な気づきとして輝きます。

もしこれが難しいのなら、何らかの体験を深く探ってみるとよいでしょう。テーブルの上に手をのせてみてください。「手」や「テーブル」という抽象概念を捨てて、ありのままの体験にフォーカスします。これが初めての体験で、体験を比べたりまとめたりする記憶や情報をもっていないと想像してみます。結局のところ、記憶や参照は思考です。テーブルの上にのせた手の体験は思考ではありません。それはありのままの感覚、知覚です。

思考による解釈を壊す必要はありません。もともとそうであったように、それをしばらく脇に置いて、参照しないようにします。思考がつくり出すラベルから自由になり、ありのままの感覚、知覚を存分に感じるために、必要なだけ時間をとりましょう。

ありのままの感覚は、形のない、チクチクとした波動ではないでしょうか？　それすら言いすぎかもしれません。そこに、輪郭、形、密度、重さ、位置、サイズ、色、履歴、年齢、価値、機能、値段はあるでしょうか？　「手」や「テーブル」といったラベルが貼られているでしょうか？　「私」、「私以外」というラベルが貼られているでしょうか？　その感覚、知覚はふたつでしょうか、それともひとつでしょうか？

それらは思考によってありのままの体験に貼りつけられたラベル、後知恵であることをはっきりと理解しましょう。こうしたラベルに実用性がないと言っているのではありません。「手」や「テーブル」というラベルは、体験そのものが本来もっていたものではないということ、そして、「体」、「世界」、「私」、「私以外」というラベルもまた、思考が体験の現実に重ね合わせた後知恵でしかないということを言っているだけです。

言い換えるなら、私たちが、手、テーブル、体、心《マインド》、世界、他者、私、私以外を**実際に**体験することはありません。思考が体験に重ね合わせるこれらのラベルを剥がすと、そこに残るのは気づき、つまり、体験のつなぎ目のない全体性だけです。

あらためて、「手」と「テーブル」、もしくは、体と世界の体験の何でも構いません、その体験に戻ってください。体験は気づきに浸され、気づきに満ちてはいないでしょうか？　気づきとひとつではない部分があるでしょうか？　体験に気づき以外の要素があるでしょうか？

思考、イメージ、感覚、知覚など、どんな体験でもいいですから、同じように探ってみましょう。固い、柔らかい、うるさい、静か、近い、遠い、快、不快、「私」とされているもの、「私以外」とされているもの、内側にあるもの、外側にあるもの、美しいもの、醜いもの、何でもいいので同じように探ってみましょう。

体験をしっかりと探れば探るほど、それらが一見したところどれほど「近く」ても、「遠く」ても、どれほど「私」、「私以外」とされていても、すべての体験は実際には気づきと親密にひとつであることがよりいっそう明らかとなります。

私たちの実際の体験においては、気づきは体験を目撃するだけでなく、その要素でもあることがわかります。現実には、体験には気づき以外の要素は何もありません。

見かけ上の対象物、他者、世界の目撃者となるのは、気づきを体や心《マインド》とだけ同一視する思考の押しつけから気づきを解放するための価値あるプロセスです。けれど、そこからさらに進んで体験を深く探ると、目撃している主体も、目撃されている対象も、それがいかに捉えがたくとも、思考によって体験に押しつけられたものであることがわかるのです。

この押しつけから自由になると、体験はあるがままの姿、純粋な気づきとしての姿をあらわします。体験の探究によってそうなるのではありません。常にそうであったものが、そこにあらわれるだけです。

この本がそうしているように、質問や状況に答えるために知的な用語で語られるとしても、ここで起こるのは知的な理解ではありません。それは、親密に私たち自身のものであり、ふるい落とされたり、奪い去られたりすることのない、体験的な知です。

このように体験を探ると、体験的な確信は深まり、それはそのまま私たちの損なわれることのない親密な体験になります。私たちはそれを生きるのです。

この理解は、はじめは断続的かもしれないし、分離した実体の古くからの思考や感情の癖によって、時おり闇に隠れてしまったかのように見えるかもしれません。しかし、探究が深まり、思考、想像、感覚、知覚といった体験のすべての領域を覆うべく広がると、私たちの確信も深まり、それとともに体験的な理解も安定していきます。

すると、これまで慣れ親しんできた、人を中心に体験を理解する見方とはまったく異なるこの体験的理解が、悟りでも特別な理解でもなくなるときがやってきて、それは自然で努力の要らない普通の状態になります。

実際、この開かれた、体験的な知、気づいている現存《プレゼンス》では**なくなろう**とすることのほうが努力を要するようになります。これまで、この努力が、私たちを現存《プレゼンス》以外の何ものかであるように見せ、それが見かけ上の分離した実体を定義していました。これは単なる二元的思考のプロセスであり、これによって、つなぎ目のない、いつもここにある体験は、見たところ複数の対象物や実体に分割され、そのうちのひとつが「私」、それ以外のすべてが「私以外」と見なされていたのです。

現存《プレゼンス》そのものであることを知り、ただひたすら現存《プレゼンス》そのものであると、それは、体験の中立的な背景、要素であるだけでなく、平安、愛、幸福と同じであることが明らかとなります。

Part 5

世界

The World

世界は知覚することからできている

世界について私たちが知っているのは、見ること、聞くこと、触れること、味わうこと、匂いを嗅ぐことです。それらを「知覚すること」と呼んでみましょう。

私たちが世界について知っているのはその体験であり、私たちの世界の体験は知覚することでできています。知覚することは心《マインド》でできていて、心《マインド》は私たちの自己、つまり気づいている現存《プレゼンス》でできています。

気づいている現存《プレゼンス》そのものに色はありません。私たちが世界として知る、つまり「知覚する」それも、この色のない現存《プレゼンス》からできていて、つまり「透明」であると言うことができます。

気づいている現存《プレゼンス》は、すべての体験を「輝かせる」光であり、この光があってはじめて、体験は「知られる」ようになります。世界の体験には、それを「知ること」以外何もないため、世界は気づき、つまり知の光でできていて、輝いていると言えます。

気づいている現存《プレゼンス》が、目に見える世界を**輝かせ**ます。この現存《プレゼンス》の光は、世界の**要素**でもあり、それが世界を輝かせ、世界を知ります。言い換えるなら、世界を**知ること**と世界の**存在**は、どちらも同じ、透明で、輝く要素からできています。

8

質問：直接的な体験においては、すべてが感覚と知覚からできていて、実際の対象物のようなものはなく、体験だけがあると知って、とても興奮しています。

私たちが唯一知っている心《マインド》とは思考であり、私たちが唯一知っている体とは感覚であり、私たちが唯一知っている世界とは、知覚、つまり見て、聞いて、触れて、味わって、嗅ぐことです。端的に言えば、私たちが知っているのは、「体験すること」だけであり、この体験は私たちの自己、すなわち気づいている現存《プレゼンス》でできています。

私たちから離れたところにあり、自己以外のものでできているとされる世界について考えてみましょう。たとえば、世界の中のひとつの対象物として、遠くにある山を例にしましょう。

あの山は、体験することからどれだけ遠いでしょうか？　そこに距離がないのは明らかです。

では、「体験すること」は、あなたの自己、つまり気づいている現存《プレゼンス》からどれだけ遠いでしょうか？　そこにも距離はありません。

もし、「体験すること」とあの山との間に距離がないのなら、そして、「体験すること」と気づきとの間にも距離がないのなら、私たちの**実際の**体験において、あの山は私たちの自己と少しも離れていないことがわかります。

では、もう一度山を見て、山に、「体験すること」以外にどのような**要素**があるのかを問うてみましょう。何もありません。私たちにとって、体験以外に世界の知識はないのです。

「体験すること」には、私たちの自己、気づき以外の要素があるでしょうか？　もちろんありません。

このように、山、そして他のすべてのものは、私たちの自己である気づきにおいて起こり、気づきでできているというのが、私たちの直接的で親密な体験なのです。

では、「山」とはそもそも何なのでしょう？　それは自己、つまり気づきなのだと、すでに私たちは知っています。ではなぜ、私たちは山について語るのでしょうか？　「山」は、私たちの自己に与えられた名前と形態のひとつにすぎません。そこにあるのは自己**だけ**です。私たちが山**として**あるのではなく、**ただ**、私たちの自己があるのです。

8

質問：聞いたり、触れたり、匂いを嗅いだりするとき、体験することは簡単なのですが、見ているときは容易ではありません。

視覚の領域では、二元性、分離、他者性という幻想が最も説得力をもっています。しかし、聞くこと、触れること、嗅ぐことなどが私たちの自己において起こり、自己以外の何からもできていないことがはっきりしていれば、そこにヒントがあります。この感覚的理解を、見ることの領域にも応用すればよいのです。

具体的なアドバイスをひとつしましょう。目を閉じて、「遠くにある車の往来の音」として伝わる波動が、聞くことだけでできていて、この聞くことはあなたの自己とひとつであり、自己からできている、ということを確認してみましょう。

続いて、目を閉じたまま、瞼の裏に浮かぶ赤茶色のイメージが、見ることだけでできており、この見ることは、聞くことと同じものでできていて、どちらも同じ「場」にあらわれることを確認します。

次に、ゆっくりと目を開き、床でも何でも、目の前にあらわれるものの知識は、先ほどの赤茶色のイメージと同じ要素、つまり「見ること」でできていて、これもまた同じ「場」にあらわれることを確認します。

もし、世界が「外へ逃げてしまう」ようであれば、再び目を閉じて、すべてが自己の内にあらわれ、自己でできていることを確認します。それから、目を開けて、もう一度試してみます。

こうして体験してみると、視覚的な世界についての私たちの知識は、「体験すること」からできていて、それは私たちの自己、つまり気づいている現存《プレゼンス》でできていることがはっきりします。

これをしっかりと把握すると、この試みを瞑想状態に閉じ込める必要がなくなります。歩いているとき、お皿を洗っているとき、友だちと話しているとき、これを試してみてください。時が経てば、私たちの内にあり、私たちそのものである世界を体験することは、当たり前の自然なこととなり、努力も要らなくなります。

世界は「外側」にあり「私ではない」という感覚は、「私」は「私」として体の内側にあるという感覚と対になっていて、避け難いものです。

このように世界を探ることとは、世界は外側にあり、分離していて、別のものであると見なす無知を探ることです。体を探ることは、私たちが体の中に、体として「ここに」位置しているという無知をあらわにします。このふたつの探究は互いに連携しています。それらはひとつの探究のふたつの側面なのです。

ここにおいて、自己探究はその意味を最大限に発揮します。自己探究は、心《マインド》の領域のみに限定されるものではないと理解することが重要です。それは、「私は誰か?」というシンプルな問い以上のものです。

多くの場合、自己探究は、心《マインド》の中で「私」とは本当は何なのかと質問することから始まるでしょう。けれど、この探究が完結するためには、私たちの最も深いところにある「自己」と「自己以外」の感覚を突き抜けなければなりません。つまり、体のレベルにおける「私」の感覚、世界のレベルにおける「私以外」の感覚まで浸入しなければならないのです。

知覚と心《マインド》の限界

世界の唯一の体験は、知覚、つまり視覚、聴覚、触覚、味覚、嗅覚の形をとってあらわれます。私たちは通常、体の内側にある分離した自己が、知る、体験する、知覚するという行為を通じてこうした知覚とつながっていると考え、感じています。たとえば、私たちは、「私が木を見る」と考えます。

「私」は体の内側にあり、木は外側の世界にあると見なされ、この場合、ふたつは見るという行為によってつながると考えられています。

実際には、体の内側にある分離した自己と、外側の世界にある対象物、「木」は、そのようには決して体験されません。体験されるのは見ることだけです。言い換えるなら、私たちは木を、世界を、物質から成る独立した対象物としては本当は知りません。見ることの体験を知っているだけです。

では、見ることはいったいどこで起こるのでしょう？　場について私たちが唯一知っているのは見ることの体験であるため、それはどこにおいても起こりません。見ることは見ることにおいて、つまり体験することにおいて起こります。そして、見ること、体験することは、私たちの自己、気づいている現存《プレゼンス》のもうひとつの名前にすぎません。

見ることの体験は、部分から成るのではありません。自己が何であろうと、木の体験が何であろうと、それらは見ることの体験において**ひとつ**です。

けれど、このように述べることは、分離した内側にある自己と分離した外側にある世界という信念を容認しています。体験にしっかりととどまると、知られるすべては、このたとえで言うならば、見ることであるとわかります。

このため、私たちは内側の自己、外側の木や世界を想定することから始めるのではなく、見ることから始めるべきなのです。それが私たちの体験だからです。

このように理解することで、見ることを、見る部分と見られる部分に分ける必要はなくなります。そこには常に、見ることのつなぎ目のない親密さがあるだけです。

8

このたとえは、目に見える対象物、他者、世界のどのような体験にも応用することができます。視覚、聴覚、触覚、味覚、嗅覚に注意を払い、同じであることを理解しましょう。私たちがそれらについて知っているのは、見ること、聞くこと、触れること、味わうこと、嗅ぐことの体験です。

しかし、この体験を知る「私たち」はそこにはいません。体験にある**すべて**は、見ること、聞くこと、触ること、味わうこと、嗅ぐことの体験そのものです。

知り、考え、感じ、見、聞き、触れ、味わい、嗅ぐ、見かけ上の分離した自己は**それ自体**、知り、考え、感じ、見、聞き、触れ、味わい、嗅ぐことからできています。

同じように、見かけ上外側にある対象物、他者、世界として知られるものとはつまり、見ること、聞くこと、触れること、味わうこと、嗅ぐことです。

体験はいつも、ただひとつのつなぎ目のない親密さです。

体験が「ひとつ」であるというのも言いすぎかもしれません。ひとつの体験と言うと、それと対比される他の何かが暗示されるからです。このことがはっきりわかると、体験のえも言われぬ荘厳さの前に、思考はその終わりを迎えます。

だからといって、体験の現実を知ることができないという意味ではありません。逆に、体験の現実こそが、これまでに知られたすべてです。けれどそれは、心《マインド》によって知られ、述べられるものではありません。それは私たちの自己によって、それとして知られます。それは私たちの自己なのです。

すべての体験は確かに現実です。現実である幻想はありません。もし**現実である**幻想なら、幻想に**現実性**があるということになります。幻想は幻想の、幻想的な視点によってのみ幻想であり得ます。

目に見える幻想ですら、思考によってつくり出されています。たとえば、逃げ水は実際の体験ですが、それが水でできていると考えることで幻想になります。言い換えるなら、水という幻想は思考のためであって、体験のためではありません。思考が参照するもの、ここで言えば水は、それとしては存在していませんが、この考え**そのもの**も、すべての思考や体験と同じ要素でできています。その現実は、すべての体験の現実と同じです。

それを「何か」として捉えるために、現実の外に飛び出すことはできません。そもそも、私たちがその現実なのです。体験の現実こそが、これまでに知られたすべてであり、それが思考によって知られることはありません。同時に、すべての思考は、その現実だけでできています。

8

これを、よく知られた、「心《マインド》だけが存在するすべてだ」という唯我主義と混同してはいけません。平安、幸福、愛はまさに現実で、対象性のない体験であるというこの事実こそが、心《マインド》の他に体験されるべきものがあることを十分に暗示しています。

心《マインド》にはその定義上、限界があるため、物事の本質を知ることはできません。心《マインド》は、物事が何でないかを知ることしかできません。心《マインド》は、それ自体の限界を超えた何かがあるかどうかを知ることはできず、その限界を知ることしかできないのです。それ自体の信念体系を覆すこと、もしくは、その信念体系を相対的に捉えることしかできません。心《マインド》が信念体系をつくったのですから、もってこいの役回りです。

だからこそ、こうして黙想的に**体験**を探究するとき、現実を心《マインド》だけに限定することはできないのです。私たちは体験の中心へと向かいます。心《マインド》を使って慣習的な信念を否定しようとはしますが、それを、直接的な体験から生まれていない推測や断定と置き換えることはありません。

気づきにあらわれる唯一の形態が心《マインド》であるという証拠は何ひとつありません。たとえば、人間の心《マインド》が感知することのできないより大きな現実の横断面があらわれるのは、知覚なのかもしれません。仮にそうであっても、波の本質が海の本質であるように、私たちの知覚の本質はより大きな現実の本質を共有し、それが制限され歪められた視点であると言えるのかもしれません。

二次元の世界しか知覚できない生き物を想像してみましょう。この生き物は池の水面に暮らし、前後左右を見ることはできますが、上下を見ることはできません。池の端では木の枝が水中に垂れ下がっています。この生き物にとって、枝はどのように見えるでしょうか？ 枝は、この生き物の世界においては、まっすぐな線であるはずです。枝が太ければ、線は長くなります。

もし、この生き物がこの線をしばらく観察したなら、風が枝を揺らすたびに、線が長くなったり短くなったりし、枝が水から離れると、線が消えることに気づくかもしれません。雨が降れば、雨は小さな突発的な線としてあらわれ、雨によって池の水面が上がると、枝はより長い線としてあらわれるはずです。夏になって池が乾けば、枝の先端だけが水に触れ、線は短くなるでしょう。

この生き物は、何年も観察を続け、その観察に基づいて、世界の性質に関する理論をつくりあげるかもしれません。この理論は、「現実の三次元の世界」における池、木、野原、川、空などの現実を反映したものではなく、その生き物の心《マインド》の性質や限界を反映したものになるはずです。

しかし、ここが重要なのですが、その生き物が観察した線の本質的な現実は、木の本質的な現実を共有しています。線は木の横断面であり、またそれは、木がその一部である野原、川、空の本質的な現実を共有しているのです。

この生き物が本質的な現実を知るために、木や自然の全体性を知覚する必要はありません。その世界にあらわれる一本の線の本質を深く探れば、線が**本当は**何であろうと、木が**本当は**何であろうと、そして、その生き物自身が**正しくは**何であろうと、すべてはひとつだという抗うことのできない真実に出合います。

この生き物の心《マインド》は、すべてがひとつであることを知ることはないでしょうし、その必要もありません。なぜなら、生き物自身がそれであるからです。生き物が知るべきは、生き物自身についてであり、それ自身について知ることで、それは木、池、野原、川、空、そして何であれ存在するすべての本質を知るのです。

言い換えるなら、それはそれ自身を知ることで、自然のすべての本質や現実を知り、自然の永遠性を知ります。では、どのようにしてそれ自身を知るのでしょう? この本質的な存在《ビーイング》に何も付け足さず、ただそれ自身であることによって知るのです。

必要なのは、一度このことをはっきりと理解することです。一度気づけば、やがてそれは私たちの知っている世界を焼き尽くします。

8

この理解のもとで私たちは、何事も平凡ではないということを認識します。すべての体験は、絶対的な現実の唯一の体験です。スクリーンにあらわれた映像は、真に見られているのはスクリーンだけだという事実を変えないのですから、心《マインド》が現実をどのように表現しようと関係ありません。

映像を「映像」として見るとき、スクリーンは限界を抱えているように見えますが、それがスクリーンであると理解されると、同じ映像であってもそこには制限はないのだとわかります。これと同じように、体験は心《マインド》において制限されていますが、気づきにおいては、同じ体験が永遠であり無限です。私たちはあらゆる瞬間において、どちらの可能性にも触れることができます。それは私たちの自由です。何も私たちを縛ってはいません。体験は、私たちが見るようにあらわれるのです。

では、何が私たちの見方を決めるのでしょう？　ウィリアム・ブレイクが言ったように、「その人が見るものはその人自身である」ということです。そう、すべては私たちの自己から始まります。すべては、私たちが自己をどのように見て、どのように体験するかによって決まります。もし私たちの自己を分離した内側にある自己として見るのなら、宇宙はこの信念に沿って、その姿をあらわします。もし私たちの自己は制限のない気づいている現存《プレゼンス》であると知っているのなら、同じ宇宙がそのことを裏づけます。

時間と空間から成る四次元の世界が、単なる心《マインド》の反映ではないということがどうやって私たちにわかるでしょうか？　私たちにはわかりません。心《マインド》が真の現実を表現し、それを知っているという証拠はなく、それがすべての全体像であるという証拠もありません。心《マインド》が傲慢にもそうであると主張しているだけです。

二次元のビジョンの中の生き物が三次元の世界と関係しているように、私たちの心《マインド》も全体性に関係しているのかもしれません。言い換えるなら、私たちのこの三次元のビジョンと四次元の体験は、心《マインド》が想像すらできない多次元的全体性の横断面、つまり制限された視野なのかもしれません。

けれど同時に、一枚の葉の本質的現実が木の本質的現実と同じであるように、もしくは、ニンジンのそれと地球のそれが同じであるように、私たちの自己の本質的現実は、宇宙の本質的現実と同じです。世界が実際にはどうであれ、その本質は私たちの本質的存在、気づいている現存《プレゼンス》と同じなのです。

「アートマンはブラフマンと同じである」。「私と父なる神はひとつである」

8

心《マインド》は、この探究の果てに終焉を迎え、体験の真の性質を発見する代わりに、真実を知ることはできないという限界を悟ります。同時に、知覚において現実であることは（現実でない知覚はありません）、すべての究極の現実であると悟ります。すでに水の中にいる魚が、水を求めながら、決してそれを見つけることはできないのと同じです。

結果として、心《マインド》は規律や努力によってではなく自然に終わりを迎え、体験の荘厳さの前で開かれ、そして何も知らないままに佇みます。

心《マインド》が知ることができるのは心《マインド》、つまり思考、感覚、知覚です。けれど、心《マインド》がそれ自体について知る、その「知」は心《マインド》には属しません。闇夜を照らす月の光が、月よりももっと大きなもの、つまり太陽に属するように、心《マインド》もまたそれよりももっと大きなものに属するのです。

見たところのすべての物事がそれによって知られる、この「知」は、私たちの存在、透明で光り輝く、気づいている現存《プレゼンス》に属します。そして、知られるすべてはこの「知」です。真に知られているのは、私たちの存在の光、純粋なる気づきの光だけなのです。

それはいつも、ただそれだけを知っています。

自然の鏡

究極の視点に立てば、芸術に目的はありません。いかなる試みにおいても、他のすべてがそれに依っていて、それ自体は何にも依らない、体験の根本的現実を明らかにする以上の目的はないからです。そして、究極の視点に立つと、この根本的現実はすでに今この体験の中にあり得るだけあって、それをさらに明らかにするために何も必要とされてはいません。

この視点に立てば、芸術とは、絶対性に捧げられた歌であり、讃美し、感謝し、祝福する讃歌であり、愛のほとばしりです。

しかし、このようには見えず、何かが欠けているように見えるのであれば、そして、私たち自身が何であれ、宇宙の現実から切り離され分離しているように思われるのであれば、そこには芸術が機能する隙間があります。

体験の現実が無視されると、文化は、真実や体験の現実を多様な形で肯定しようとします。

それらは、宗教、哲学、芸術として知られています。

これら三つは、体験の三つの様態、つまり、感じ、考え、知覚することに対応しています。こうした知識の形態は、少なくともその本来のあり方においては、真実や体験の現実が探究され明かされるための手段です。

ここでは体験の知覚の側面を取り上げているので、この点から言うと、芸術とは、それを通じて知覚が本来の状態へと戻る道、もっと正確に言えば、思考や想像が概念的に押しつけたものから自由になり、本来の姿へと刷新されるための通路です。

8

自然を、世界を見るとき、私たちはそこに現実の、実質的な何かを見ていると感じます。けれど世界は、瞬間にあらわれ瞬間に消える、束の間の知覚でできています。では、私たちが見るものの現実とはいったい何なのでしょう? 体験に、決して否定することのできない現実という印を与えるのはいったい何なのでしょう? 私たちの体験の現実とは、いったい何なのでしょう?

自然を見るとき、私たちは、実際には何を見ているのでしょうか？　私たちは知覚を感じることで世界のすべてを知る、つまり、すべては感覚に頼っています。けれど、もし世界にそれ自体の現実があるのなら、その現実は、私たちの感覚がそれに与える特定の性質から独立していなければなりません。

たとえば、見られる対象において、視覚が感知する性質から独立した本質とは何でしょう？　もし私たちの目が違う仕組みをもっていたら、目の前には違った世界が見えているはずです。もし、アリやノミの目をもっていたら、世界はかなり違った様相を見せるでしょう。では、人間、アリ、ノミ、そしてすべての生き物が共有している世界とはいったい何なのでしょう？　私たちの感覚が世界に与えている性質、そして、心《マインド》が付与している抽象的な概念を取り除くと、世界には何が残るのでしょう？

言い換えるなら、心《マインド》と感覚が押しつけている形態やラベルを剥がしてしまうと、世界には何が残るのでしょう？　何も残らない？　いいえ、そんなことはありません。

感覚によって知覚できるもの、心《マインド》によって捉えられるものは何も残りません。対象物は、何も残らないのです。

しかし同時に、世界の体験には現実があると私たちは知っています。それが夢であっても、夢にも現実があります。そして、その現実は**何か**からできています。

今起こっている体験Aが何でできているにせよ、それは次の体験Bの、そして、その後に続くさまざまな体験の要素です。最初の体験Aに存在していたすべての客観的な要素は、次の体験Bをしているときには消え去っていますが、ふたつの体験には連続性があります。知覚は断続的であるため、その連続性は説明できませんが、すべての体験はつながっています。では、体験のこの連続性とはいったい何なのでしょうか？

連続性は疑いなく体験されますが、そこには客観的な性質はありません。このどちらの事実も、現在の体験から引き出されたものですが、その体験の特質には関係していません。となると、この問いへの答えは、私たちの親密で直接的な体験に隠されているはずです。

この瞬間の実際の体験において、疑いの余地なく今に存在し、客観性をもたないものとは何でしょう？　それは気づき、存在《ビーイング》です。それが私たちの自己をつくっています。

こうして実際の体験を探ることで、心《マインド》と感覚がそれぞれの性質を重ね合わせている世界の根本的な現実とは、私たちの自己の本質的現実である、現存する気づきであると言えるのです。

言い換えるなら、体験は、知覚という行為によって結びつけられている、知覚する主体と知覚される客体に分かれているわけではありません。それはひとつの分けることのできない現実であり、それ自体を無数の異なる対象物や実体へ屈折させているように見えますが、実際は常に、ただひとつの完璧な全体です。

芸術の目的とは、体験のこのつなぎ目のない、分割できない親密さ、ワンネスを味わわせることです。

言い換えるなら、芸術の目的は、分離した内側にある自己の中心に横たわる傷、つまり、私たちは断片であり、分離した内側にあり、体に閉じ込められ、見ず知らずの敵対的な世界と断続的に散発的にやりとりをし、無力さ、迷い、怖れを感じ、そして死ぬことを運命づけられているのだという、この信念と感情を癒すことにあります。

それはつまり、**体験的な**やり方で私たちの本来の状態、私たちはすべてと親密にひとつであることを知り、感じている自然な状態に還ることです。さらに言うなら、ひとつになるための分離した内側にある自己は存在せず、独立した対象物、他者、世界もないということを体験的に明らかにすることです。そこにはひとつの、つなぎ目のない親密な全体があって、それは常に動き、変化し、けれどいつも同じでここにあり、体、心《マインド》、世界のあらゆる体験という形をとりながら、いつでもそれ自体であるのです。

画家のセザンヌは、「世界の生における一瞬が過ぎていく。その瞬間の真実を描き、すべてを忘れる。その瞬間になり、敏感な受け皿になる。見ているもののイメージを与えるため、それまでに起こったことすべてを忘れる」と言いました。

その瞬間**になり**、その瞬間**として**、瞬間から瞬間への体験の全体としての自己を知り、その瞬間とすべての瞬間の要素としての自己を知り、芸術家として「イメージを与える」こと。つまり、この理解を運ぶ何か、運ぶだけでなく**伝え届ける**何か、慣例的な二元的視点を通り抜け、溶かし、この体験的な理解を喚起する力を秘めた何かをつくること。

セザンヌは、形はないけれど常にここにある体験の現実を、ぎりぎりのところで形としてすくい上げた作品を残しました。それは、パルメニデス、ルーミー、クリシュナメノンなどが言葉であらわしたものと同じです。

芸術家のやり方は知覚を通じてのものであり、哲学者は思考を通じて、帰依者は愛を通じて同じことをします。

セザンヌは、「一本のニンジン、新たに観察されたニンジンが革命を起こす、その時がやってきている」と言いました。

ありふれたつまらないものであっても、そのものの中心、つまり、その体験の中心に触れることで、これまでに見たことのないものを発見し、この発見が、自己、他者、世界についての見方を変革する、とセザンヌは言ったのです。この真の革命の前では、他のいかなる革命も意味をもちません。

芸術家は、この気づきを**表現し**、**喚起する**何か、つまり、観た者を直接この体験的理解に導くような何かをつくり出そうとします。芸術家は、革命の引き金を引こうとするのです。

芸術家は、その現実を喚起する体験のビジョンを改めて**現出させよう**と、観る者をその現実に引き込む力を秘めた作品をつくり出そうと試みるのです。

フランス人画家、ピエール・ボナールがつかもうとしていたこともこれと同じです。ボナールは、思考が世界を、知覚する主体と知覚される客体、そしてこの客体を「数限りない物事」に分割する前の、時間を超えた知覚の瞬間をつかもうとしました。

ボナールにはそのビジョンはどのように見えたのでしょう？　彼が見たのは、色彩に溢れ、濃密で、調和した、活力とともに踊る世界でした。彼の世界では、バスタブの縁や古びた床板にも、頬の曲線や手の表情と同じだけの注意が払われました。同じだけの愛が注がれたのです。

ウィリアム・ブレイクも、この同じ瞬間に立ち会おうとしました。「朝日が昇るとき、金貨のような炎の輪が見えるかい？」と聞かれ、ブレイクはこう答えたと言います。「いいや、違う！　違う！　私には、無数の天軍が、『栄光よ、栄光よ、栄光とは、全知全能である父なる神だ！』と叫んでいるのが見える」

他にも似たような逸話があります。ある夜、小脇に絵画を抱え、ハムステッド・ヒースから家路を急いでいたイギリス人画家、ウィリアム・ターナーを近所の人がつかまえ、絵を見せてほしいと言いました。絵をしばらく見たその人が、「ターナーさん、ハムステッド・ヒースでこんな夕日を見たことはありませんよ」と言うと、ターナーはこう返したと言います。「見えないだろうね。でもこういう夕日を見たいとは思わないかい？」

芸術家の体と心《マインド》は、自然が、それ自体をそれ自体へと翻訳するための媒体です。自然が、それ自体のアイデンティティを探し、現実化するための媒体なのです。このことをセザンヌは次のように表現しました。「私は景色の主観的意識になり、そして、私の絵はその客観的意識になる」と。

8

窓の外を見てみましょう。思考が立ち上がって、それを、通り、ビル、景色と名づける前の時間を超えた瞬間、そこには何があるでしょうか？　時間をかけて、思考ではなく体験でこの質問に答えてください。

思考が、知覚だ、知覚することだ、単に体験することだ、と言い出す前、そこには何があるのでしょう？　思考が立ち上がり、私たちの自己を体に閉じ込める前、そこには何があるのでしょうか？

その瞬間の欠片は、実際には時間における瞬間ではありません。それはいつもそこにある、唯一の今です。ピエール・ボナールは、その今に形を与えようとしたのです。

私たちが真に見、体験するとき、そこに思考が入り込む余地はありません。実際、純粋な体験には、分離した内側にある自己や、分離した外側にある対象物、他者、世界のための余白はどこにもありません。そこで知られるのは純粋な体験だけです。

この時間を超えた、思考から自由な純粋な知覚は、美の体験として知られています。思考が再びあらわれて、知覚を、分離した内側にある自己と、分離した外側にある対象物、他者、世界のふたつに分けるとき、思考は、内側にある自己が美を体験し、美しいのは、対象物、他者、世界なのだと想像します。言い換えるなら、思考は、美とは対象物が所有するものであると想像するのです。

しかし、美とは実のところ、思考による二元的解釈から解き放たれたときに体験に与えられる名前のひとつにすぎません。

すべての感情が愛でできているように、あらゆる知覚は美でできています。実際、美と愛は同じものです。それらはすべての体験の本質であり、知覚が信念の押しつけから自由になった場合は「美」という言葉で、感情が自由になった場合は「愛」という言葉で表現されることが多いというだけです。同じように、信念や疑いの押しつけから思考が自由になったとき、それは「理解」と呼ばれます。

8

芸術は、私たちの文化に根づいている不定愁訴、つまり孤独、絶望、分離の感覚、そして愛への渇望を癒してくれます。

私たちは芸術作品をただ見るのではなく、それに参加するのです。芸術の本質とは、私たちが拒絶した世界、他なるものであり、分離し、生命を失った物質でできていると見なした世界を、近くに、親密なものとして取り戻し、私たちの自己がそれとひとつであると知ることです。それは見ることや聞くことで結びつくのではありません。それでは遠くに離れすぎています。それは、愛、親密さ、直接性のつながりです。芸術家とは、体験の自由さ、無垢さ、新鮮さ、親密さを忘れない人たちなのです。

芸術家の役割は、現実の最も深遠な体験を人類に送り届けることです。芸術とは、思い出すこと。それは愛です。それは、見せかけと現実とを切り分ける剣です。

美とは神の姿です。

8

私たちの文化における芸術の目的は、あらゆる知覚の本質に向かうことにあります。知覚は自己、対象物、実体、物事、世界からできていると見せかける信念を取り払い、気づいている存在という私たちの真の性質と同じ、知覚の本質を明らかにすることこそが、芸術の目的です。

言い換えるなら、目に見える対象物がそれ自体で美しいわけではありません。真の芸術とは、何かを表現するものでも、何かを抽象化するものでもありません。真の芸術は、不活性なものではなく愛こそが、すべての物事の要素であると明らかにすることです。

真の芸術作品は、はっきりと見ることによって、その作品の源である愛や理解を引き出す力を内に秘めています。その力は、思考を突き抜け、ゆっくりと溶かし、対象性や他者性を体験から取り除き、生《なま》で、直接的で、裸で、親密である体験の性質をあらわにします。

この意味において、あらゆる真の教えも芸術作品です。実際、愛、美、理解から直接やってくるすべての対象物や活動は、密かに分離の信念に媒介されながらも、その源を惜しみなく明らかにする力を秘めています。

セザンヌはこう言いました。「すべては消え、ばらばらになるのではないだろうか。自然は不変だが、私たちに対してあらわれる自然のものは決して長くは続かない。芸術は、自然の永遠性のスリルを、その要素、そして、あらゆる変化のあらわれとともに差し出さなければならない。自然の永遠性に、私たちに触れさせなければならないのだ」

人間の体と心《マインド》も、自然の一部なのではないでしょうか？　言い換えるなら、本質的で、いつもここにある「自然の永遠性」は、私たちの自己である、いつもここにある気づいている存在の本質と同じなのです。すべての真の芸術は、概念的にではなく直接的にこのことを指し示しています。真の芸術には、突き抜け、溶解させる性質があり、それは、視覚、聴覚、味覚、触覚、嗅覚といった知覚の見かけ上の要素を動員して、よくある二元的な見方が純粋体験へと崩壊するのを早めるのです。すべての客観性が崩れ去ること、それが美です。すべての他者性が崩れ去ること、それこそが愛です。

芸術家と科学者は一見したところ外側にある世界に目を向け、神秘家は一見したところ内側にある自己に目を向けます。どこから始めるかは関係ありません。なぜなら、通常そう考えられている外側の世界と内側の自己は、同じ信念の裏表だからです。このどちらかを探り、真実を求めてどんなことでもする覚悟があるならば、どちらの道も同じ場所にたどり着くはずです。

外側の世界や対象物、内側の自己は、この探究の精密さに耐えられなくなり、いずれはどちらも崩れ去ります。分離した内側の自己は消滅し、分離した外側の世界は溶け去り、そこには体験の、ありのままの親密さだけが残ります。この崩壊こそが、平安、幸福、愛、美、理解の透明な体験です。

この体験が何と呼ばれるかは、分離した自己が崩れ去る前の体験が、感情、思考、知覚のどれによって引き起こされたかで決まります。感情が関係していたのであれば愛、思考であれば理解、知覚であれば美と呼ばれます。このどれもが、私たち自身の現存《プレゼンス》の、同じ本質的で透明な体験に与えられた名前なのです。

私たちの文化はこの知恵を失い、平安、幸福、愛、理解は、通常そう考えられているように、体、心《マインド》、世界の領域での体験に減じられてしまいました。今日のいくつかの非二元の言い回しにおいても同じような誤解があり、幸福と不幸、美と醜、平安と争いは同等に捉えられ、単に気づきに同じようにあらわれる対の組み合わせとされています。

こうした教えにより、愛、美、理解の源である非二元の生きた理解は損なわれ、社会的に正しいとされる均一性と相対性の仕組みに減じられてしまいました。このようなケースでは、知の鋭い明晰さは、無知により都合よく変更されています。言い換えるなら、私たちの存在の現実を無視することによってつくられた、分離した内側にある自己が、真の非二元の理解をつくり変え、それを、自身の誤った信念を承認し持続させる手段として利用しているのです。

世界と気づきが居場所を交換する

私たちの体験は常に、つなぎ目のない親密な全体です。そこに思考があらわれて、体験を、別々の要素でできているとされる、心《マインド》、体、世界といったカテゴリーに切り分けてしまいます。

実際、すべての体験は同一のもの、つまり「体験」、「気づき」、私たちの自己、「私（I）」でできています。

体験のいずれかの部分が他の部分よりも、体験、気づき、自己により近い、もしくは、より遠いということはありません。心《マインド》、体、世界の体験が、体験、気づき、自己に**近い**のではありません。それは、スクリーンと映像がひとつであるように、近いという言葉では言い表せないほどに近いのです。

体験に、「ふたつのもの」があるのではありません。最後の分析、つまり、真の体験に基づく分析によるならば、心《マインド》、体、世界の体験が、気づき、すなわち現存《プレゼンス》に満たされるという表現も正確ではありません。

心《マインド》、体、世界が、気づき、つまり現存《プレゼンス》に満たされるというのは、独立した心《マインド》、体、世界がまずそこにあって、スポンジに水が染み込むように、それらが満たされていくことを暗示する表現です。しかしこのためには、心《マインド》、体、世界が独立して現実に存在すると信じることから始めなければなりません。

心《マインド》、体、世界が独立して現実に存在すると信じているのであれば、このような表現も有効です。そう表現することで、心《マインド》、体、世界のあらゆる体験は、気づき、つまり現存《プレゼンス》と完全にひとつであるということに注意が向くからです。しかし、これではまだ「途中段階」です。

すべての体験が、気づき、現存《プレゼンス》に満たされているという事実がよりいっそう明らかになると、体験における気づき、現存《プレゼンス》の側面がさらに優勢になり、変わりゆく名前であり形態である心《マインド》、体、世界の見かけ上の客観的側面は、その見かけ上の堅実性と独立性を失います。

はじめのうちは、気づきは、体験の実質的ではない、隠れた、断続的な側面でしかないように見え、心《マインド》、体、世界こそが、明白で実質的で、安定し、現実的であるように見えるはずです。この場合、私たちには、対象物である心《マインド》、体、世界しか見えません。その後、この心《マインド》、体、世界のあらゆる見かけ上の客観的な体験に気づきが浸透することに、私たちの注意は向けられます。

しかし、体験を黙想的に見つめるにつれ、たいていは徐々に、気づきこそが体験の、安定し、常にここにある、実質的な側面であることが明白になります。この理解が生きた体験になればなるほど、これに呼応して、心《マインド》、体、世界はそれ自体で独立した対象物であるという現実味は消え始めます。

私たちは心《マインド》のレベルにおいてこの黙想を始めるかもしれませんが、時が経つにつれ、それは私たちの存在《ビーイング》そのものの深みへと浸透し、私たちを完全に包み込んでしまいます。これは思考だけでなく、感情、知覚にも浸透していきます。

世界と気づきが居場所を交換するのです。

8

ある時点で移行が起こります。心《マインド》、体、世界にあるとされてきた現実は、私たちの自己、気づきにあると理解され、体験されるようになります。

目が覚めているときの心《マインド》、体、世界の体験は、夢を見ているときの体験のようになります。それは、独立し、堅固で、分離した、見かけ上の現実味を失い、気づきの上に押しつけられた夢のようなものとして理解され、体験されるようになります。

8

スクリーンに投影された映像を見続けながらも、私たちの実際の体験はスクリーンだけになります。

通常の体験が現実味を失い、実質的ではなくなるのではありません。むしろ、体験の真実と本質が、私たちの存在、気づきの親密さからできているということが知られ、感じられるようになるのです。

心《マインド》、体、世界は、対象物としては現実味がなくなりますが、気づきとしては現実として体験されます。映し出される野原の映像が野原としての現実味を失うものの、スクリーンとしては現実になるのと同じです。

野原の映像は、分離した自己の架空の視点から見たときにのみ現実でした。けれど、私たちの自己、気づきの唯一現実の視点から見ると、体験は、常に気づきとしてのみ現実だったのです。

こうして、夜明けの時間帯に闇が光に消えていくように、対象物の「客観性」は次第に消え、気づきの「現存性」に取って代わられます。

どのように、いつ、なぜ、どこで、それが起こるのかをはっきりと説明することはできません。そうした質問すら、暗闇とともに消えていくからです。答えを必要とする質問はなくなります。

移行は自然に起こります。はじめは理解するために努力を必要とするかもしれませんが、しばらくすると、体験の真実、その明白さは、努力なしに私たちに焼きつけられるようになります。それは、丘の頂上に達し、その反対側へ降りていくようなものです。今まで私たちを阻んでいるように見えた丘は、私たちに協力するようになります。

これはジグソーパズルにたとえることもできます。はじめ、ひとつひとつのピースは曖昧でばらばらで関係がないように見えますが、作業を進めると少しずつ絵がまとまり、作業はだんだんとわかりやすく簡単になり、選択肢はどんどん狭まっていきます。私たちは、すべてが瞬く間にそこに収まる、まっすぐで細い道をたどっているのです。

ここにおいても同じです。心《マインド》が唱える異議は、これ以上異議が出ないところまで理解に満たされます。見かけ上の二元性をつくりあげた張本人である心《マインド》は、自らつくった体系を自ら崩壊させるのです。

分離した内側にある自己と、分離した外側にある対象物、他者、世界という、今や信用を失った信念を支えていた身体的感覚の余韻もまた、自らが空っぽであることを認め、ゆっくりと理解の光の中へと吸い込まれます。

こうして私たちは、開かれ、何かを知ることもなく、瀬戸際に立たされます。

ここからは、気づきはさらに眩く光り、これまでの習慣によって残された分離と他者性の痕跡も溶け出し、気づきの、気づきにおける、気づきとしての輝きが姿をあらわします。待ち望んでいるものも、焦がれるものも、足りないものもなく、待つ者もいないのだから、それが長く続こうとゆっくりであろうと関係ありません。

真実や現実を求める欲望すらその激しさを失い、もはや欲望と呼ぶこともできなくなります。というのは、いかに崇高なものであったとしても、欲望の居場所はなくなるからです。欲望は愛へと姿を変えます。実のところ、他者性という薄いベールに覆われ、欲望に姿を変えていただけで、それはいつも愛だったのです。

それが探していたものは、いつもそれ以外の何ものでもなかったのです。

友好的な世界

質問：分離した実体など存在しないと理解しても、苛立ちや問題など、すべてがそれまでと同じように続くと聞いたことがあります。理解することで、人生に深い影響があるだろうと思っていましたし、そうであることを期待しているのですが。

分離した実体は存在しないと体験的に理解することは、私たちの人生に深い影響をもたらします。しかし、人生を変容させるのは知的な理解ではなく、いつもここにある知であり、体験のワンネスとして存在し、それを感じることです。

感覚や知覚がそれまでと同じように起こり続けるというのは本当です。しかし多くの場合、分離した実体への信念を承認し、裏づけるような感覚は次第に消え去ります。結果として、体と心《マインド》のレベルに、ゆったりとしたくつろぎと平安の感覚が訪れます。

私たちの体験を、知覚する主体と知覚される客体に分けているように見えた二元性の信念が、実際にそれを行ったということはありません。けれど、この分離は現実のように**感じられ**、その結果としてもたらされる苦痛もまた現実であるように**感じられ**ます。

いったんこの根本的な無知があらわになると、それを拠り所としていた思考、感情、活動は、劇的に消えることもありますが、多くの場合、ゆっくりと消えていきます。

分離の感覚に頼ってその後も起こり続ける思考、感情、活動は、二元性への根本的な信念に動かされていたときとまったく同じように見えるかもしれませんが、そうではありません。それは、燃やされたロープが、しばらくの間かつての形を保っているようなものです。息を強く吹きかければ、そこにはもはや何の実体もないことがわかります。それは空っぽ、空洞です。すでに焼き尽くされてしまったのです。

二元性への根本的な信念に頼っていた思考、感情、活動だけがあらわれなくなり、それ以外の思考、イメージ、感覚、知覚は、同じようにあらわれ続けます。

こうして心《マインド》は、かつてその活動を特徴づけていた苛立ち、混乱、切望、苦痛、執着、不安、自己防衛から解き放たれ、自由、創造、平安、愛情、ユーモア、思いやり、友情、知性などがその自然な性質になります。

体の見た目はこれまでと変わりませんし、もちろん、肉体的苦痛を含め、自然法則の影響を受け続けます。けれど、架空の自己が突きつける無理難題に応えなければという重責からは解き放たれます。

こうして体のレベルに深いリラックス状態が訪れ、それは最も深い層へも染みわたっていきます。体は次第に、自然で有機的なくつろぎの状態へと還り、開かれ、愛に満ち、繊細で、軽やかで、広がりのあるものと感じられるようになります。

知覚の世界は、他者性、「私以外」の感覚から解き放たれたそれとして、これまでの状態を続けます。私たちは、世界を自己から遠く離れたものとして体験しなくなるのです。

結果的に、世界は架空の自己にとっての平安、愛、幸福の供給源ではなくなり、同時に、惨めさの源でもなくなります。

世界はこれ以上ないほど近くに感じられ、親密で、生き生きとし、明るく、友好的なものとして体験されるようになります。世界をこれまでのように**体験する**ことはもはやありません。私たちが世界**そのもの**です。気づきと体験はひとつであったことを理解するのです。

そして、「私たち」も、同様に「世界」も、そのようなものではなくなります。私たちはもはや、世界を知ることを、その存在《ビーイング》から分離させることはなくなるのです。

そして私たちは、世界を知ることと世界の存在は、ひとつで同じ体験であることを理解するにつれ、愛することは、私たちの自己**によって**他の誰か**に対して**行われる何か、私たちの自己**によって**世界**に対して**行われる何かではなく、すべての体験に本来備わる性質なのだと理解します。そこから分離しているものは何もありません。

世界を**知る**ことは世界として**在る**ことであり、世界として**在る**ことは世界を**愛する**ことなのです。

8

苛立ちや問題が以前と同じように続くという訴えに、具体的に答えることにしましょう。

まず、ここで言われているのは、実務的な問題ではなく、心理的な問題なのだということをはっきりさせておく必要があります。たとえば、車の故障への対応、家が火事で燃えたときの保険での対応、経済問題や健康問題への対応といったことは、効率的、事務的に行われるものであって、そこに心理的な問題は生じず、心理面に何の痕跡も残しません。

これらは単に実務的な問題であるからこそ、そこに心理的な問題が絡む必要はなく、シンプルに効率よく対応すればよいのであって、そこに苦しみは生じません。

さて、ここでは心理的な問題、つまり、苛立ち、怒り、退屈、嫉妬などについて述べていることが明確になったところで、こうした反応が続くかどうか、自分自身に尋ねてみてください。答えはノーであるはずです。

かつての習慣が残っているため、分離した実体としての古い思考パターン、感情パターンが続く時期もあるでしょう。けれど、これらは次第に消えていきます。

しかしながら、苛立ち、怒り、嫉妬などの心理的な問題が続いていると主張し、これらの心理的反応を正当化するために非二元のアイディアを引っ張り出して、「すべては等しく気づきの表現だ」、「すべてはただ自然に起こっている」、「行為者はいない」などと言うのは不誠実というものです。これは偽の不二一元論であって、非二元的理解からやってきたと偽って、分離の感覚から生じた行為を正当化しているだけです。

こうした心理的な問題は苦痛の諸形態であり、苦痛は常に、分離した実体であるという信念を軸として生じます。遅かれ早かれ、誠実に、勇気をもってこの事実に向き合うことが必要です。

私たちは自らを欺き、見かけ上の分離した自己の仕組みはすべてお見通しだと考えながら、苦しみ続けることもあるかもしれません。けれど、いずれかの時点で、苦痛に本来備わる模索が、分離した自己の感覚が都合よく変えてしまった非二元的信念の薄いベニヤ板を突き破り、探求の新たなステージを開始するはずです。

Part 6

体

験

Experience

体験の親密さ

私たちが知るすべては体験することであると、はっきりと理解しましょう。体験すること以外を知ることはできるでしょうか？　思考、イメージ、記憶、感情、体感、世界を知覚することにおいて私たちが唯一知っているのは、体験することです。体、心《マインド》、世界についての知識に、体験すること以外の要素はあるでしょうか？　そうした要素があるかどうか、見つけるなり、想像するなりしてみてください。

私たちは普段、体験という行為を通じて結びついている世界があると考えています。言い換えるなら、世界は独立した対象物として存在し、それが、知ること、感じること、知覚することと、つまり体験することを通して、分離し独立した主体である私たちの自己と関係すると考えています。

ですが、私たちは実際にそのような世界を体験したことがあるでしょうか？　そのような世界を知っていたとしても、その存在は私たちの体験の内にあるはずです。実際、私たちは世界をそれとして体験するのではありません。私たちは、体験を知るだけです。

だからといって、そのような世界が存在しないことが証明されるわけではありません。限界を抱えた心《マインド》では、その限界ゆえに、そう断言することはできません。しかしながら、このように述べることで、私たちが知るのは体験することだけだという点に焦点が当たります。

では、この体験することはどこで起こるのでしょう？　それは、体、心《マインド》、世界の内側で起こるのでしょうか？　違います。体、心《マインド》、世界について私たちが唯一知っていることは、体験することからできています。体験は、ある場所で、体、心《マインド》、世界の内側で起こるのではありません。体、心《マインド》、世界が、体験の内側で起こるのです。実際は、体験**の内側で**起こるのでもありません。私たちの体験において、それらは体験から**できている**のです。

体験が起こる場所を見つけようとしてみると、思いつくすべての場所は体験でできていることに気づくはずです。

海が水に、「君はどこで起こるの？　どこに存在しているの？」と聞いている様子を想像してみてください。水は海の中で起こるのではありません。海は水なのです。

私たちの自己と体験との関係性とは何でしょう？　体験することにおいて、私たちの自己が完全に、親密に、浸透していない部分はあるのでしょうか？　体験することと私たちの自己という、ふたつの要素を見つけることはできるのでしょうか？ それとも、体験することと私たちの自己は、完全にひとつで、分かたれることなくひとつで、つなぎ目なくひとつなのではないでしょうか？

海と水との関係性とは何でしょう？ そこには、水と海、ふたつのものがあって、お互いに関係し合っているのでしょうか？ 違います。

これと同じように、私たちの体験にも、ふたつの要素があるのではありません。体験は、それを知ることだけでできている、ひとつのつなぎ目のないものです。そこには、「知ること」、「体験すること」だけがあるのであって、知る、分離した内側にある自己と、知られる対象物、他者、世界があるのではありません。むしろそこには、つなぎ目のない親密な知、体験があるだけで、分離した部分、対象物、実体、自己、他者は発見されないのです。距離、時間、分離、他者性の余地のないつなぎ目のない親密さとは、つまり愛です。

体験することからの距離は、体験の部分ごとに違うのでしょうか？ 私たちにとって最も親密な感情より、鳥のさえずりや車の音のほうが、体験することから遠く離れているのでしょうか？ 違います。鳥や車の音について私たちが唯一知っているのは「聞くこと」であり、聞くことは**ここで**起こっています。「ここ」とは空間におけるひとつの場所ではなく、場所とは関係のない親密さです。

思考は、聞くことの親密さを、鳥のさえずりや車の音を聞く内側にある自己と、外側にある聞かれる音とに分割します。けれど、体験はそうしたことは知りません。体験の視点から見れば、そこにはそれ自体の、分かつことはできず、つなぎ目がなく、親密な、つなぎ目のない親密さがあるだけです。

8

世界の体験に触れてみましょう。目を閉じると、私たちが世界について唯一知っているのは、車の往来の音や、座っている椅子の感覚だけになります。思考は、椅子も車も、私たちの自己から切り離された、自己とは異なる存在だと語ります。車の音は五十メートル先で起こっていて、椅子は近くにあり、不活性の物質でできていると、思考は語ります。一方で、体験は何を教えてくれるでしょうか？

車の往来の音でも何でも、今聞こえてくる音の体験に集中してみましょう。思考や記憶ではなく、直接的な体験を参照します。体験だけを頼りにしていることを確かにするために、これを体験するのははじめてだと想像してみるとよいかもしれません。あなたには、この体験、たとえば、車の往来や鳥のさえずりを聞く体験に関する知識はありません。それが「車」や「鳥」だということすら知りません。それは単に、純粋な、聞くことです。

聞くことの体験以外に、車の往来や鳥についての知識はあるでしょうか？　聞くことはどこで起こっていますか？　五十メートル先？　五メートル先？　もしくは、それは親密に、完全に、私たちの自己とひとつになっているのではないでしょうか？　体や心《マインド》としての自己とではなく、この繊細な、気づいている現存《プレゼンス》である私たちの自己とひとつになっているのではないでしょうか？

聞くことの体験において、気づいている現存《プレゼンス》である自己と、聞く体験という、ふたつの要素を見つけ出せるでしょうか？　それとも、それらは親密に、完全に、ひとつになっているのではないでしょうか？

聞くことの体験に、私たちの自己という、繊細な気づいている現存《プレゼンス》以外の要素はあるでしょうか？　聞くことの体験において、自分自身と聞くことというふたつの要素を見つけることはできるでしょうか？　それとも、それはひとつの要素であり、完全に親密なのではないでしょうか？

では、いわゆる外部の世界にある対象物、たとえば椅子はどうでしょう？　目を閉じているとき、椅子についての体験は、それを感じることとの体験です。その感じることとの体験はどこで起こるのでしょう？　私たちの自己から離れたところでしょうか？　それはどれだけ親密なのでしょうか？

感じることとの体験は、感じる側と感じられる側、ふたつの部分から成り立っているのでしょうか？　それとも、それは親密でつなぎ目がないのでしょうか？　感じることとの体験は死んでいて、不活性なのでしょうか？　それとも、私たちの自己の生気と知で溢れているのでしょうか？　私たちは、不活性な事物を体験しているのでしょうか？　それとも、生き生きと振動する、感じることを体験しているのでしょうか？

目を開いて椅子が見えるのだから、それは独立した客観的な存在であると主張するなら、椅子の姿は見ることとの体験だけでできていることを理解しましょう。見ることはどこで起こるのでしょう？　それはどれだけ親密なのでしょう？　そこには不活性なものがありますか？　私たちの親密な、気づいている現存《プレゼンス》が浸透していない部分はありますか？　見ることは部分ごとに分かれているのでしょうか？

私たちの自己、気づいている現存《プレゼンス》が、見るという形態をとっているのではありません。そこには私たち自身の存在《ビーイング》の親密さ以外、何もありません。つなぎ目のない親密さを、「私」と「私以外」に分割するのは思考です。分割された各部分は思考のためにあるのであって、私たちの自己のため、つまり、体験のためにあるのではないのです。

私たちの自己が椅子に座っているのではないと、はっきりと理解しましょう。部屋に入ってきたのも私たちではありません。そこにあるのは、感じることや見ることであり、感じることも見ることも、特定の場所で起こるのではありません。すべての場所は、感じることや見ること、つまり私たちの自己によってできています。私たちがその内にあるのではなく、それらが私たちの内にあるのです。

8

では、自己からとてつもなく離れているように見える月はどうでしょう？　私たちが月について唯一知っているのは、見ることの体験であり、見ることは今ここで起こっています。ここは、空間の中の場所ではなく、私たち自身の存在のこの親密さの内にあり、それは分かつことはできず、それ自体でできています。体験には距離、つまり空間はありません。

では、体、たとえば踵はどうでしょう？　私たちが踵について唯一知っているのは、今現在の感覚だけです。思考は、特定の形、重さ、置き方、色をした足を想像しますが、体験が実際に知っているのは感じることだけです。

感じることはどこで起こるのでしょう？　私たちの自己から離れたところで起こるのでしょうか？　そこにはふたつの要素、つまり気づいている現存《プレゼンス》である私たちの自己と、感じることの体験というふたつの要素があるでしょうか？　それとも、お互いに離れたところに位置する分離した部分や実体からできているのではない、体験することの、純粋でつなぎ目のない親密さだけがあるのではないでしょうか？

体と呼ばれる、感じることの体験は、月と名づけられた見ることの体験よりも、私たちの自己に近いところで起こっているのでしょうか？　体験に寄り添いましょう。考えてはいけません。感じることと見ること、ふたつの体験を自己の前にそのまま並べてみましょう。

思考は、体の感覚は近くにあり、月の光景は遠くにあると言います。では、体験は何と言うのでしょう？　感じることは見ることより、私たちの自己から離れたところで起こっているのでしょうか？　それとも、どちらもが完全に同じように親密で、気づいている現存《プレゼンス》だけでできているのではないでしょうか？

体験の三つ目の領域、心《マインド》を探ってみましょう。実際、通常考えられているような形で、心《マインド》を見つけたことがある人はいません。私たちは、今ここにある考えやイメージを知っているだけです。それすらも厳密に言えば正しくありません。考えやイメージを見つけた人はいないのです。私たちは、考えること、イメージすることの体験を知っているだけです。

考えることは私たちの自己からどれだけ遠いのでしょう？　考えることと私たちの自己との間に距離はあるのでしょうか？　気づいている現存《プレゼンス》である私たちの自己と、考えることの体験という、ふたつの要素があるのでしょうか？　それとも、それらは完全に親密なひとつのものなのではないでしょうか？

そもそもふたつのものがあって、そのうちのひとつが他のひとつと親密になるのではないことを、はっきりと理解しましょう。そこには最初から純粋な親密さだけがあって、思考により概念的にふたつに分けられていただけなのです。

思考と感情が、私たちに最も近い、最も親密な体験だという、あの信念に立ち返ってみましょう。そこでは、体は少しだけ遠いものの、私たちの自己の一部であると考えられ、対象物、他者、世界は遠いところにあり、私たちの存在《ビーイング》の親密さから切り離され、それ以外の何かでできているとされています。

心《マインド》、体、世界について私たちが唯一知っているのは、考えること、感じること、知覚することの体験です。感じることより考えることのほうが、私たちに近いのでしょうか？　知覚すること（perceiving）、つまり、見ること、聞くこと、触れること、味わうこと、嗅ぐことより、感じること（sensing）のほうが私たちに近いのでしょうか？　それとも、それらは同じように近く、近いというよりもさらに近く、私たちの自己とは不可分なのでしょうか？

体験にはそもそも、気づいている現存《プレゼンス》である私たちの自己と、考えること、感じること、知覚することとの体験という、ふたつの要素があるのでしょうか？　それとも、体験することの、ありのままの親密さだけがあるのではないでしょうか？

物質とはひとつの概念であって、体験そのものではないことをはっきりと理解しましょう。それは、二千五百年前にギリシャ人によって発明された概念であり、しかも奇妙なことに、科学者はいまだにそれを探し求めているのです。もちろん、それは通常考えられている通りに発見されることはありません。なぜなら、何を見つけようと、それは体験することからできており、体験は私たちの自己の親密さだけでできているからです。

宇宙の究極的な要素は、今、この体験がつくられている要素です。それを発見するために、科学者、芸術家、神秘主義者になる必要はありません。むしろ、それを発見したとき、私たちは真の科学者、芸術家、神秘主義者になるのです。

ニンジン、見知らぬ人の顔、部屋の片隅にある古びた椅子、遠く離れた銀河系、亜原子粒子、手元にあるこの本、これらについての知識、純粋な体験、私たち自身の親密な現存《プレゼンス》。

実際、私たちはこれらをそのような「物事」として体験するのではありません。私たちは体験を知っているだけです。では、その体験を知っているのは何でしょう？ 体験が、体験以外によって知られることはありません。

体験はそれ自体を知っています。そこにあるのは、それ自身でありながら同時にそれ自身を知っている、私たちの自己、気づいている現存《プレゼンス》という体験だけです。

この親密さや他者性のなさは、愛の体験です。言い換えるなら、知られるのは、体験の細部にわたって、それであり、それを知り、それを愛する、私たちの自己、すなわち気づいている現存《プレゼンス》なのです。

今の親密さと即時性

私たちが知るすべては体験することであると、はっきり理解しましょう。体験することは、それ自体以外の誰かや何かによって知られるのではありません。体験が体験しているのは、体験することです。

私たちの実際の体験において、内側の自己と外側の世界はどこにあるのでしょう? 純粋な体験に親しくとどまり、そのような自己や世界がそこにあるかどうか探ってみてください。

純粋な体験において、内と外を分ける境界線はどこに引かれているのでしょう? 体験を紐解き、この境界線を探してみてください。

純粋な体験の絶対的な親密さこそが、愛と呼ばれるものです。愛とは、距離、分離、他者性の不在です。そこにふたつの場所はありません。愛は純粋な非二元の体験です。

「私」と「私以外」というラベルがいかに人工的なものであるかをはっきりと理解しましょう。

私たちは私たちの自己でないものを体験したことなどなく、そして、そのような体験は不可能です。

では、私たちの自己を体験するのは何なのでしょう？　それは自己自身です。体験にはひとつの要素しかなく、それは、知、気づきに満たされ、知、気づきからできています。非二元の伝統的な教えにおいて、これは「気づきはそれ自体を知っている」と表現されますが、この表現は少し抽象的かもしれません。

この言葉は、体験のつなぎ目のない親密さを表現しようとするものです。そこには、自己、対象物、他者、世界のための空間はなく、体験から一歩下がって、幸か不幸か、正しいか間違っているか、良いか悪いかを判断する余地もなく、今から離れて架空の未来や過去へ出かけ、そこで何かになったり、進化したり、進歩したりする時間もなく、愛の親密さから飛び出して他者との関係性に飛び込むこともなく、知以外を知ることはなく、在ること以外の何かであることはなく、愛すること以外を愛することはなく、思考が立ち上がって体験の親密さを心《マインド》による抽象概念に落とし込むこともなく、私たちの自己がひとつの部分、破片としての自己になることもなく、世界が外へ飛び出し、それに呼応して自己が内側にこもることもなく、時間、距離、空間があらわれることもありません。

8

この体験のありのままの親密さを何と呼ぶことができるでしょう？　その本質とは何でしょう？　それを「ひとつ（one）」と表現するならば、その瞬間、ひとつ以上、もしくはひとつ以下の可能性があることを暗示してしまいます。だからこそ、古代の先人たちは知恵と謙虚さをもって、この理解を「ワンネス」ではなく「非二元」と呼んだのです。「ひとつ」と言うことで、それ以外を暗示してしまうことを知っていたのです。

体験に名前をつけ、その究極の性質を見つけようとするのは思考です。私たちの自己、気づいている現存《プレゼンス》はそんなことはしません。思考だけが、体験は体、心《マインド》、世界から成り、その体、心《マインド》、世界は感覚、思考、知覚から成り、その感覚、思考、知覚は感じること、考えること、知覚することから成り、その感じること、考えること、知覚することは私たちの自己から成ると言うのです。言い換えるなら、こうした微細な事柄は、すべて思考のために存在しています。これらが思考だと言うのもまた、思考です。体験自体はこうしたことを知りません。

体験そのものは、感じること、考えること、知覚することはもちろん、感覚、思考、知覚すら知りません。体験はあまりに親密にそのものであるため、そこから一歩下がって何かを知ることはなく、ましてやそれ自体を「何か」として概念化することもありません。それは、それ自体を「体験」としてすら知らないのです。

そうするためには、体験は、それ自体を知り、体験し、述べる側と、知られ、体験され、述べられる側のふたつに分割されなければなりません。

では、どのようにしてこれを行うのでしょう？　思考という形でのみこれが可能です。これが行われると、純粋で、言葉にできない、つなぎ目のない親密さは、ふたつの架空の部分に分けられ、ひとつは知り、愛し、知覚する側、もうひとつは知られ、愛され、知覚される側となります。

こうなるためには、純粋で、言葉にできない、つなぎ目のない親密さは崩壊し、分離した内側にある自己と、分離した外側にある対象物や世界というふたつの領域に分かれる必要があります。愛の親密さを手放し、分離した自己となり、対象物、時間、空間という架空の世界をさまようことになるのです。

けれど、実際にはこのようなことは起こっていません。思考がそう考えるだけであって、思考もまた、思考のための思考なのです。

遅かれ早かれ、思考によっては体験の真髄に触れることはできないということがはっきりします。思考では、そこから遠ざかるように見えるだけです。これがはっきりとわかったとき、思考は自然にその終わりを迎えます。その時私たちは、今の親密さと即時性に飛び込んでいるのです。

今の親密さと即時性は、思考が入り込むことのできない唯一の場所です。今にあって、私たちは守られています。それは完全に感じやすく、まったく安全です。いかなる害も、悲しみも、死も、今に入り込むことはできません。私たちがあらゆる面で求めているのは、これだけです。

海にいながら水を探し求めている魚のように、すべての抵抗や模索――分離した内側にある自己――はすでに、それが探し求めているものからできています。けれど、それを見つけることは決してできません。

今に入り込もうとする思考は、炎に触れようとする蛾のようなものです。蛾は炎に触れることはできません。そこで死ぬことしかできないのです。

思考が体に残した余韻はしばらくの間起こり続け、平安、幸福、愛を求める昔ながらの模索、すなわち、体験において常にあるものを、ありもしない世界のありもしない自己に探し求めることを再開するかもしれません。けれど、遅かれ早かれこうした余韻は、こだまが消えていくように消え去ります。

体験は体験なのだと再認識するために、かなり長い旅をしてきたように見えるかもしれません。この今は、これまでもずっとそうであった今です。けれど、何かが取り除かれています。どのように、なぜ、いつ、これが起こったのかはわからないかもしれないし、懸命な探求の結果、これが起こったように見えるかもしれません。いずれにせよ、体験は今や、私たち自身の存在《ビーイング》そのものの親密さに満ちています。

自分自身が再び、いわゆる世界へと出かけていくのを感じるかもしれませんが、今ではそこに動機はありません。私たちの個々の体と心《マインド》の傾向は、計算されることなく、自然に引き受けられ、分離した自己としての痕跡を残していません。欲望がまだあるのを感じるかもしれませんが、それは、平安、幸福、愛を求めようとするものではありません。欲望は、それらを表現し、共有し、祝福しようとするだけです。

探されているのは、どの自己だろう？

質問：ここで探されているのはどの自己なのでしょう？　どうやら、偽物の自己と本物の自己があって、人の本質についての調査が偽物の自己に深く及ぶにつれ、それは溶けてなくなり、本物の自己の現実に光が当たるようですね？

探されているのは、その人が、その時点で、それが自己であると**考え**、**感じている**「自己」です。その時点で自己であるように**思われる**ものを調べることが、真の自己を実現することへと導くのです。

現状においては、この本に印刷されている文字や、車の音、体の感覚、最も身近な考えなど、そうしたことを知り、体験しているものに「私（I）」という名前が与えられています。それは、すべての体験において、知り、体験している要素であり、つまり、現存しています。

このように、知、現存《プレゼンス》（存在《ビーイング》）は、私たちの自己に本来備わっています。そのため、私たちの自己は時に、知っている現存《プレゼンス》、気づいている現存《プレゼンス》、気づき（つまり、私たち自身の存在に気づき、それを知っている現存《プレゼンス》）と呼ばれます。

私は在り、私は在ることを知っているのです。

自己探究とは、私たちの自己の本質を調査することです。気づいていて存在していること以外、私たちの自己について体験から言えることはあるでしょうか？

多くの人は当然のように、この気づいている現存《プレゼンス》は体の内側に実体としてあり、同時に、それは体そのものであると信じています。

しかし、この本では何事をも当たり前とはしません。私たちとはそれであると深く知っている自己について本当のことを述べるためには、それを見つめる必要があります。

ですから今、あたかも向きを変えるように、この本に印刷されている文字、そして現在にあらわれていること、たとえば、思考、体感、知覚などに気づいているものに目を向けてみましょう。それを探し出し、見つめようとしてみてください。

すると、奇妙なことが起こります。気づいている現存《プレゼンス》は間違いなく存在しているにもかかわらず、探そうとしても、対象物として見つけることはできないのです。見つけるためにどこを向けばよいのかすらわかりません。

まさにこの体験の中で、私たちの自己、気づいている現存《プレゼンス》は体の内側にある、あるいは体としてある実体だという信念が白日のもとにさらされ、揺るがされます。

体験をより深く探ると、実際には、自己がどこかに位置していて、限界を抱えているという体験的証拠はないのだということがわかります。私たちの存在には位置も限界もないことへの確信は、体験、つまり、私たちの自己によるそれ自身の体験からやってきます。

皮肉にも、二元的な思考により密かに変形されていた私たちの存在がそれ自体にとって明らかになると、同時に、私たちはこれまでずっとこの限界のない、場に縛られない現存《プレゼンス》であったことを理解します。私たちの自己には他の自己はなく、偽りの自己も、低次元の自己も、個人としての自己もなく、つまり、この見かけ上の「もうひとつの自己」が「本当の自己」になるという旅やプロセスもなかったのだということがわかるのです。

しかし、このことが体験的に明らかになるまでは、私たちが自分自身をそうだと信じ感じている、限界を抱えた内側にある自己が、見たところ、ある種のプロセスや探究、旅を経ることは避けられません。時に自己探究として知られるこうした模索やプロセスは、分離した自己に潜在的に付随するものです。

8

私たちの本質と考えられるものについて、三つの可能性を探ってみましょう。まずは、心《マインド》と体。次に、物事の目撃者。そして、気づき、つまり現存《プレゼンス》。これら三つの立場には、それぞれの世界観があります。

ひとつ目は、無知の立場と言えます。ここでの無知という言葉は、批判や軽蔑としてではなく、事実を述べるために使われています。この立場において、私たちの真の性質は「無視され」、結果として、私たちは心《マインド》と体からできていると誤って思い込み、感じるようになります。

ふたつ目は、知恵や理解の立場であり、ここでは明らかに、私たちは気づきであり、それに対し、もしくはその中に、体、心《マインド》、世界といった対象物があらわれます。

三つ目は愛の立場です。ここでは明らかに、対象物、他者、自己、世界は存在せず、現存《プレゼンス》、意識、もしくは気づきから成る純粋な体験の、つなぎ目のない親密さだけがあります。

自己探究はひとつ目とふたつ目の立場に属するものです。ひとつ目の立場においては、自己探究が、分離した実体による、啓示を求めるプロセスのように見えたとしても仕方ありません。

もはや分離した実体という感覚のないふたつ目の立場においては、自己探究とは、体、心《マインド》、世界の性質の非人格的な探究であり、私たちはそれらの目撃者であることを知っています。この人格化することのできない探究において、目撃する者と目撃されるものの間にあるように見えていた微細な二元性は存在しないことが、次第に理解されるようになります。

この視点から見れば、自己探究とはつまり、気づきを覆い隠しているように見えた、概念と感情の連続的な層を次々に剥がしていくことです。

こうして三つ目の可能性、つまり、気づきそのものがあらわれ、自己探究は自然に終わりを迎えます。ここでは、気づきに限界を与え、気づきを位置づけているように見えた大小さまざまな思考の塗り重ねから気づきは解放されています。気づきはあるがままに佇み、それ自体を知り、それそのものであり、すべてのあらわれと親密で、完全にひとつです。

この視点から見ると、気づきへのプロセスも、それを覆っていた無知の層が剥がれることもなかったのだということがわかります。むしろ、いつも気づきしかなく、気づきは気づき以外を知ることはないと理解されるのです。

「私」は心《マインド》だと信じることには、「私」は頭の真ん中、目の後ろあたりに、体験を知るセンターとして位置しているという信念が含まれています。頭のこの場所には、体験について考え、知る者が位置していると信じられているのです。

頭の中に住むと考えられている「私」にはいくつもの姿があり、それぞれが一見そこに位置していることを具現化し、証明しているように見えます。それらは、考える者、知る者、選択する者、決断する者、計画する者、記憶する者、判断する者、欲する者などと呼ばれます。

この本を読んでいるとき、頭の中の「私」は、知る者、見る者、読む者、理解する者であるように見えます。しかし、この本に印刷されている文字を知る「者」、見る「者」に注意を向けてみても、そこには何の対象物も見当たりません。それは間違いなく知り、体験し、存在しているのですが、そこには客観的に捉えられる要素は見つからず、それは空間のどこにも位置していません。

「私」がどこかに位置し、そのため限界を抱えているという信念については、すでにさまざまな形で伝えてきたので、ここでは、この信念には何の体験的証拠もないことがはっきりわかれば、それは根拠を失い、あっけなく崩れ去ると伝えるにとどめておきます。

この段階では、私たちの自己には限界がなく、位置もないことを知らないかもしれませんが、少なくとも、その逆の証拠はないことを知っており、ゆえに、そうであるかもしれないという可能性が私たちに開かれています。

そして何より、私たちの自己の見かけ上の体験、つまり、体の中に位置しているという感覚をより深く探るための扉も開かれています。

多くの人は、限界を抱えた、個人としての「私」を証明するものがないことを知的に理解するのですが、「すべきことは何もない」という呪文を唱えて、体に潜む「私」という**感覚**をより深く探ることを避けてしまいます。

「私」が体として、体の中にあるという感覚は、見たところ分離した自己の大部分を占めており、いわば分離した「私」への信念以上に根深いものです。

「私」は体の中に、体としてあるという感覚についてはすでに多くを述べてきたので、ここでは、このレベルの自己探究では、体の感覚における「私であること」を体験的に探ることになると言うにとどめておきます。

自己探究についての今日の解説からはこの点が失われ、それは「私は誰か？」と問い続ける、単純な心のエクササイズに成り代わってしまいました。

しかし多くの場合、見かけ上の分離した自己の感覚は、分離した実体への信念が暴かれた後も長く残り続けます。

このため、自己探究には感情のレベルで「私」の感覚を探ることも含まれており、ここで、心《マインド》のレベルにおける探究のプロセスは、体の中の分離した自己の感覚の層を静かに黙想的に探ることへと分け入っていきます。

こうすることで、恐怖心、罪悪感、羞恥心、無能感、愛されないと感じることといった感情の深い層は、抵抗や予告なしに浮上し、その中心にあった分離の感覚をあらわにするのです。

多くの場合、体験をこのように深く探ることで、知的な理解と現実の体験とが区別されます。

私たちの自己は、この探究により、自己を制限し位置づけてきた思考や感情の層から努力することなく自然に解放され、心《マインド》、体、世界の目撃者として自らを知るようになります。

この時点では、体、心《マインド》、世界は、いわばすべて同じレベルに見えており、どれかが自己から遠く、どれかが自己に近いということはなく、どれもが同じだけ親密です。すべてが「私ではなく」、ヒンズー教で言うところの「neti neti（これではない、これではない）」の状態にあります。

体、心《マインド》、世界に何があらわれようと、それはこの目撃している気づきの現存《プレゼンス》**に対して**（to）あらわれるように見えます。この探究が深まると、体、心《マインド》、世界は、気づき**に対して**あらわれるのではなく、気づき**において**（in）あらわれることが体験され、やがて、気づき**において**ではなく、気づき**として**（as）あらわれることが体験されるようになります。気づきは、あらゆる対象物の**要素**として知られるようになるのです。

この段階では、気づきが要素となっているこれらの対象物とはいったい何なのだろうという疑問がわくかもしれません。しかし今や、現実にははじめから、気づきがその要素となる対象物など存在しないということがわかっています。気づきだけが気づきの要素であることが見えてきます。

これが自然に、努力することなく、自己探究や高度な意味づけの終わりをもたらし、ただ、現存《プレゼンス》としての不変性が残ります。私たちは今やこの現存《プレゼンス》として知りながら、この立場をシンプルにとっています。それとして、ここにとどまるのです。

このように、心《マインド》にとっての自己探究とは調査と探究のプロセスであり、目撃者という新たに築かれた立場から、見せかけの限界を取り除き、やがては、ただそれしかない自己としてシンプルに佇むことへと道を開きます。

受け身で黙想的な目撃者の立場より、ひとつ目の立場のほうがより能動的に見えるかもしれませんが、どの段階においても、私たちは問いかけ、見ること以外何もしていません。私たちは単純に見て、この見ることにおいて、一見したところ積み重なっていた層が次第に消えてゆくのです。

しかし、このどの時点においても、プロセスを踏んでいる、もしくは経ている実体があるわけではありません。

ハムレットを演じている役者を想像してみましょう。自己探究とは、ハムレットが「私の真の性質は何だろう?」、もしくは単純に、「私は誰だろう?」と質問する段階です。もちろん、そう質問するのは悪いことではありません。つまるところ、彼は役者なのでしょうか、それとも衣装なのでしょうか? 役者としての彼は、彼自身を知っていて、彼自身であり、ハムレットになったことはありません。ハムレットとしての彼は、衣装を着て台詞を言う架空の実体です。これは、見かけ上の分離した実体です。

8

言い換えるなら、探されている自己は存在する唯一の自己です。この自己は、一時は限界を抱えているように見えますが、後にこの同じ自己には限界がないことが発見されるのです。

探究の過程において、この自己の見かけ上の限界は努力を要せず自然と消え去り、そこには同じ自己が、そもそもそうであった裸の姿で、心《マインド》の見かけ上の押しつけによって変形されることなく残されます。

「私（I）」という感覚の深いところへと探究が進むと、心《マインド》によって押しつけられた性質には、本当の意味での制限する力はないのだということがはっきりとわかってきます。結果として、同じ「私」が、制限なく、位置づけられることなく、それ自身の光によって自らの存在を知りながら、ありのままに光を放つようになります。

こうした表現は、自分自身を分離した実体であると信じ、また感じている人に向けて書かれているため、結果的に、物事の真実を確証するための自己探究のプロセスに触れています。

気づきは、制限を与えるように見える体と心《マインド》の押しつけから完全に独立しているとわかると、私たちは、これまでそれが自分だと考え、感じていた実体が、実際には存在しないということを理解します。

言い換えるなら、この見かけ上の分離した実体が自己探究を行って、自らは限界のない、どこにも位置づけられていない気づきであると発見したのではありません。むしろ、この限界のない、位置づけられていない気づきだけが常にあったのであって、時おり、分離した自己に対する信念と分離した自己であるという感覚によって、自らの存在についての知が隠されているように見えていただけなのです。

もちろん、定義づけすれば制限が加わることは避けられませんが、より深い視点から自己探究を再定義してみると、気づきは、自らを体に閉じ込め、自らを体に位置づけているように見える思考の形をとると言うことができます。結果として、私たちの自己、気づきは、自らをひとつの実体、ひとつの体として知るように思われます。自己がこの投影をやめると、自己は自己自身を、限界のない、位置づけられることのない存在として再びあるがままに知るようになります。

言い換えるなら、自己探究が心《マインド》におけるプロセスとされるのは、この見かけ上の実体のためだけなのです。この実体が存在していないことがわかり、それゆえこの実体にはそれ自身の本質を探究することも、他にも何もすることができないとわかれば、存在しているのは常に気づきだけであって、自己探究とは単に、そうと承知のうえで、この現存《プレゼンス》としてとどまることだということがわかります。自己探究とはつまり、究極的には、私たちの存在の内に、その存在として、そうと知ったうえでとどまることなのです。

自己探究は、ゆっくりと消えてゆくスクリーン上の映像に似ています。何らかの物や実体（映像）のように見えていたのは、実際にはスクリーンでしかなかったということが明らかとなります。つまり、見かけ上の「私」は、唯一現実の「私」、気づきからできていて、これまでもずっとそうであったことが明らかとなるのです。

時として限界を抱え、位置づけられているように見えるとしても、存在するのは気づきだけであり、実際、それは唯一限界のない自己であり、限界のない自己を知っています。

分離した内側にある自己の「私」は、思考と感情によって分離し、限界を抱え、場に縛られた実体であるように見えていましたが、この思考と感情の押しつけから自由になると、まさに同じ「私」が、気づきという唯一真の「私」としての姿をあらわすのです。

私は何ものかである、何ものでもない、もしくは、すべてである

この繊細な気づいている現存《プレゼンス》、この何ものでもないもの、何ものでもないこと、私たちが自己と呼ぶものこそが、すべての要素、現実であることをはっきりと理解しましょう。

「私は何ものかである」という信念や感情は、無知、つまり、体験の真の性質を無視することを前提として生まれます。これは架空の立場です。

私たちは何ものでもない、つまり物事ではなく、開かれていて、空で、輝く気づきの現存《プレゼンス》であると知っている立場は、叡智と啓示の立場です。

そして私たちこそが、目に見えるすべての物事の要素、心《マインド》、体、世界のすべてのあらわれの要素であると知っている立場は、愛、純粋な親密さの立場であり、ここにおいては内側の自己も、外側の対象物、他者、世界も存在しません。

私たちにはこの三つ、「私は何ものかである」、「私は何ものでもない」、「私はすべてである」

という三つの選択肢しかありません。そして、あらゆる瞬間、私たちは選びたい立場を選ぶことができます。選択次第で、私たちの体験は、選んだ立場を反映するようになります。体験は、私たちの立場を裏づけるのです。

私たちは体と心《マインド》であると信じるなら、対象物や他者、世界はとてもリアルに見え、それらは私たちの信念に一致し、それを承認するように見えるでしょう。

もし、私たちは開かれた、空《くう》の、気づきの現存《プレゼンス》で、これに対して、もしくは、これにおいて、体、心《マインド》、世界があらわれるのだと考えるなら、私たちの体験もこの立場に一致してあらわれます。私たちは、公平で偏りのない背景として自分自身を知ります。私たちが本来もっている自由、そして、体験の中心に横たわる平安、幸福を知るのです。

そして、もし私たちは体験の目撃者であるだけでなく、その要素であると知ると、つまり、「私はすべてである」という立場をとると、見かけ上の他者や世界の体験はこの理解を裏づけ、証明するようになります。私たちは、すべての体験の自然な状態として、愛を体験するようになります。

言い換えるなら、私たちの体験は常に、私たちの理解に一致する形であらわれるのです。

この三つの可能性を順々に試し、宇宙から何が返ってくるかを確認してみてもよいでしょう。

私たちの実際の体験に返ってくるものが、どの可能性が真実であるかを立証してくれます。

では、この裏づけはどのように起こるのでしょう？　その立場が現実に沿っていると、体験はどのような形で私たちを納得させるのでしょうか？　非二元の知的な理解によってでしょうか？　いいえ、違います！

私たちの理解、立場、態度が真実のものであると確信させるような体験は、私たちが人生で最も価値を置いている体験でなければなりません。私たちの人生で最も大切な体験とは何でしょう？　それは幸福の体験です。宇宙は、幸福の体験を通じて、私たちの理解が真実であることを教えてくれます。幸福、もしくはそれと同義である平安、愛、美などは、最高の証です。

幸福とは、体験が誤った信念や感情から解き放たれたとき、体験が体験自身を肯定する形なのです。

すべてを現存《プレゼンス》に委ねる

心《マインド》において「私」の考えを、また、体において「私」の感覚を、あれこれと探究してはいないように感じられるときがあるはずです。このようなとき、私たちは、自分自身がそれであると深く知っている、気づいている現存《プレゼンス》にすべてを委ねているのかもしれません。

委ねることには、ふたつの形態があります。私たちの本質とは、この開かれた、空《くう》の、空間のような気づきの現存《プレゼンス》であり、そこに体、心《マインド》、世界といった見かけ上の対象物が立ち上がっているということが明白ならば、私たちはシンプルにこの現存《プレゼンス》としての立場を選べばよいのです。

私たちはそうと承知のうえでこの現存《プレゼンス》としての立場を選び、この部屋の空間が内側で何が起ころうとそれを許すのと同じように、計画を与えず、干渉することなく、すべてがその中で生じることを許します。

しかし、もし私たちがこの現存《プレゼンス》以外の何かである、言い換えるなら、分離した内側にある自己であると考え、そう感じられる場合、委ねることはより能動的なものとなるでしょう。この場合には、捧げるという形をとるかもしれません。私たちの思考、感情、知覚を、この現存《プレゼンス》に捧げるのです。

開かれ、許している現存《プレゼンス》として立つか、すべてをそれに捧げるか。このふたつは、実際にはどちらも同じです。ややこしい思考であろうと、深く、暗い感情であろうと、捧げることのできないものも、許されないものもありません。私たちはすべてを許し、すべてを捧げるのです。

手始めに、最もわかりやすい思考や感情を許し、捧げてみるとよいかもしれません。空想していること、日々感じていること、体の感覚など、何でもよいのです。次第に、こうした空想、過去や未来へと出かける小旅行のような思考が起こるのは、体に残されたより不快な感情の深層に気づかないようにするためであるとわかるはずです。

この空想の旅が私たちの注意をそらすことに成功すると、私たちは、深く、暗く、苦い感情に十分に触れる必要がなくなり、それらは体の奥底にしっかりと埋め込まれ、めったに浮上することはなくなります。

こうした意識下の感情こそが分離という感覚の住処なのですが、通常、私たちは思考によって、あるいは何らかの物事や活動に執着することによって、そこにうまく触れないようにします。その結果、分離した自己は封印されたままの姿でとどまります。こうして体は分離という感覚の隠れ家になるのです。

深層の感情は通常、触れられたり見つけられたりすることはありませんが、それは、私たちが日々何気なく受け取っている思考、感情、活動、人間関係などに潜在的に影響を与え、それらをコントロールしています。

実際のところ、あらゆる執着は、思考への執着の延長線上にあるか、もしくはその変形です。過去や未来へと飛び回る連続的な思考が、不快な感情、つまり、欠乏感、不快感、無価値感、不全感、不適切感、失望、絶望を静める力を失うと、こうした感情を直視しないようにするため、私たちは物質や活動への執着のような、より極端な手段を講じるのです。

不快感が生じるやいなや、私たちは特定の物質や活動に手を伸ばします。すると、不快感は一時的に弱まり、束の間の休息が訪れ、私たちの本質である平安が少しの間輝き、そのため心《マインド》と体における不安と緊張が和らぎます。心《マインド》は、この束の間の平安と満足を物質や活動のおかげだと考え、この習慣が次第に強化されます。

いずれかの時点で私たちは、この逃避と模索の全体像に気づき、長く避けてきた感情に向き合う勇気と明晰さを手にするかもしれません。

すると、私たちの内部で反乱が起こり、結果として、体は、抑圧し、逃避し、否定し、模索する活動に私たちを引き戻そうとあらゆることをするでしょう。しかし、勇気と愛があれば、私たちの自己を共犯者にすることなく、このエネルギーの表出を自らを通じて流れるがままにできるはずです。

こうして、はじめは知らぬ間に、私たちは気づいている現存《プレゼンス》としての立場をとり、そうすることで、これらの感情が求める唯一のもの、つまり私たちの注意を感情から奪い去るのです。感情は、私たちがそれに耽っていようと、抑圧されていようと、いずれにしても同じように成長します。

もし私たちが勇気と明晰さをもって、活動や物質によって、もしくは、退屈、予測、怖れ、期待、疑いといった、より巧妙な逃避によってこのような感情から逃げ出さないようにすれば、幾層にもわたる感情の層は、現存《プレゼンス》の光に照らされるようになります。これらすべての感情は、分離した内側にある自己の多様な姿であり、架空の自己が耐えられない唯一のこととは、はっきりと見つめられることです。架空の自己は、私たちの不注意によって育ちます。影のように、光には耐えられないのです。

これらの感情に対して何かをする必要はありません。私たちの自己、気づいている現存《プレゼンス》は、それらとの間に何の問題も抱えていません。私たちの自己にとっては何の問題もないのです。

それらを取り除きたいと願うのは、架空の自己だけです。実際、分離した自己を取り除きたいという気持ちもまた、分離した自己が自らを永続させようとする、巧妙な手口です。

8

許し、捧げること以外、何も必要とされていません。かつて、私たちの存在《ビーイング》、この開かれた、空《くう》の、許している現存《プレゼンス》は、体と心《マインド》によって利用され、結果として、それらの特性を受け継いだかのように見えました。つまり、私たちの自己は限界を抱え、位置づけられ、年齢や性別をもち、密度があり、固く、死ぬことを運命づけられているように見えていたのです。

委ね、捧げることは、このプロセスを反転させます。私たちの自己が心《マインド》と体の性質を引き受ける代わりに、心《マインド》と体が、開かれた、空の、透明な現存《プレゼンス》の性質を帯びるようになるのです。

これは、お湯に角砂糖を溶かすようなものです。お湯は何もしないし、角砂糖も何もしません。しかし、角砂糖は次第にお湯に溶けていきます。角砂糖はその名前と形態を失います。お湯の、透明で、温かく、開かれた、空の性質は、角砂糖の性質に取って代わります。それはそれ自体に溶けていくのです。

許し、捧げることにおいて起こるのもこれと似ています。誰も、何に対しても、誰に対しても、何もしません。

捧げているように見える者は、捧げられる者なのです。

体、心《マインド》、世界はシンプルに委ねられ、それ自身のタイミングで、私たちの存在の、透明で、開かれた、空の、親密な性質に満たされ、浸されます。

分離した内側にある自己を特徴づけていた怖れ、不安、緊張は、体と心《マインド》による努力や規律、操作によってではなく、自然に、努力することなく、ゆっくりとこの透明さに溶けていきます。

8

現存《プレゼンス》がすべてを引き受けるのを許しましょう。今ここにあるものは、気づきによって**すでに**完全に受け入れられたからこそ、ここにあります。もし気づきによって受け入れられていなければ、それはあらわれてはいません。

実際、これらは単に受け入れられているのではありません。すべてのあらわれは、気づきに

愛されています。ウィリアム・ブレイクが言ったように、「永遠は、時間の産物とともに、愛の内にある」のです。

実際、愛、もしくは純粋な親密さは、気づきが知っている唯一の体験です。私たちの最も深く、最も暗い感情でさえも、私たちの自己、この現存《プレゼンス》に完全に、無条件に愛されています。

実際、現存《プレゼンス》はすべての体験とあまりにも親密で、不幸や悲しみを知りません。悲しみには常に、現状に対する否定が含まれます。現存《プレゼンス》は何も否定できません。それはもともと広く開かれており、抵抗を知りません。あらゆる否定、それによるあらゆる悲しみは、架空の自己のためにあり、唯一現実の自己、気づいている現存《プレゼンス》のためにあるのではありません。

私たちは、悲しみは避けなければならないと考えます。実際はその逆です。悲しみにとって耐えがたいのは、抱きしめられることです。物質や活動に逃げ込んだり、霊的な完璧主義という象牙の塔に逃げ込んだりしても、悲しみが終わることはありません。その状況を親しく抱きしめ、抵抗する余地がまったくなくなることで、悲しみは終わるのです。

抵抗なく完全に受け入れられると、悲しみには何が起こるのでしょう? 抵抗しようとする衝動が少しもない体験は、幸福や平安と呼ばれます。悲しみを避けようとする薄いベールに覆われた幸福と平安こそが悲しみです。

私たちがこれまで切望していたことのすべては体験の中心にあり、認められることをずっと待っていました。必要なのは、架空の未来や過去のために、あるがままを回避するのをやめることだけです。悲しみは、今には耐えられません。それは、過去や未来がなければ生き延びることができないのです。

あらゆる模索は、私たちを未来へ連れ去り、定義上、すべての体験の中心にいつもある平安と幸福を覆い隠してしまいます。

私の師が最初に言ったのは、「瞑想は、すべてに対する普遍的な肯定である」という言葉でした。しばらくは気づきませんでしたが、その後に述べられたことはすべて、この言葉の補足にすぎませんでした。すべてはそれに始まり、それに溶けていきます。人生のある時点で、愛と瞑想の区別はなくなります。

愛は場所
この場所を通じて
愛は動く
平安の光とともに
すべての場所を

肯定は世界
この世界において
肯定は生きている
巧みに渦を巻きながら
すべての世界を

E・E・カミングス

問題はない

部屋の空間がそこにあらわれるものに対して何の問題も抱えていないのと同じで、気づいている現存《プレゼンス》であるあなたも、何の問題も抱えていません。

何かがそこにあらわれているということは、気づいている現存《プレゼンス》であるあなたが、それに対してすでに「イエス」と言ったということです。言い換えるなら、真の問題は存在しません。問題は、思考が私たちとはそういうものであると想像する自己のためのものであって、気づいている現存《プレゼンス》である私たちの真の自己のためのものではありません。

部屋の端から端へ、ボールを投げているところを想像してみてください。空間にとって、ボールは問題ではありません。実際、空間にはボールに抵抗する仕組みがありません。空間に何か別の物体があらわれれば、ボールに抵抗することができます。

分離した自己も同じです。私たちの自己という空間に思考や感情が立ち上がり、現状に抵抗します。この抵抗が、中庸の状態を問題へと変えてしまいます。この抵抗が、私たちの自己を分離した実体に変え、世界を問題へと変えるのです。

この抵抗がなければ、そこには体験のつなぎ目のない親密さと即時性があるだけです。そこには「私」、「他者」、「対象物」のための時間も場所もありません。

純粋な体験とは、部分、個人、対象物、他者などが互いに戦っている状態ではありません。体験につなぎ目はなく、体験は親密です。そこにはつなぎ目のない全体があるだけです。

問題とは、他のものと格闘している架空の部分、架空の対象物です。けれど、体験には分離した部分、自己、対象物、他者はありません。問題は常に思考のためにあり、思考が思考と格闘し、感情が状況に抵抗するためのものです。これらの思考はすべて私たちの自己**の内に**あらわれますが、私たちの自己**のため**ではありません。

抵抗する思考や感情ですら、私たちの自己にとっては問題ではありません。抵抗する思考や感情もまた、空間を飛んでゆくボールのようなものです。架空の自己をつくる、抵抗する思考や感情は、架空の自己にとって問題となるだけです。

分離した自己だけが、分離した自己を排除しようとします。実際、分離した自己を**見つめる**のは、分離した自己だけです。

実のところ、分離した自己は何かを**見る**ことはできません。それは**見られて**います。言い換えるなら、分離と、それに伴う問題は、分離という架空の視点からしか見えません。現実には、そうした視点は存在しません。分離や、さまざまな問題といった、分離から生じるものはすべて、常に架空のものなのです。

私たちの真の自己は分離を知らず、分離を見ません。分離した自己も、分離した外側の世界も知りません。それは、部分、分離、個人、対象物、他者性のない、純粋な体験の即時性と親密さだけを知っています。つまり、愛だけを知っているのです。

8

スクリーンがすべての映像に浸透するように、私たちの自己はすべての体験に浸透します。ですが実際のところ、スクリーンは映像に**浸透**しません。スクリーンがなければ、そこには映像もないのです。

「映像」は、スクリーンが**それ以外の**何かに見えたとき、それに与えられる名前です。これと同じで、「部分」、「分離」、「個人」、「対象物」、「他者」は、体験が、私たちの自己、気づいている現存《プレゼンス》、純粋な親密さ以外の何かであるように見えたとき、それに与えられる名前です。私たちの真の自己にはそのような分離は見えませんから、分離の感覚を取り除きたいとも思いません。問題を見て、それを取り除きたいと考えるのは誰でしょう？　それは架空の自己です。

中庸の状態を解決されるべき問題へと変えるのは、架空の自己という見せかけの現存《プレゼンス》です。存在しない問題に対応することなど不可能です。対応することで、私たちはそれを現実として受け止めます。問題は、私たちが注意を向けることによって育ちます。実際、問題は私たちが向ける注意から**できている**のです。

存在するものに抵抗し、存在しないものを求めることがなくなると、つまり分離した自己という活動がなくなると、つなぎ目のない要素として現状はシンプルに存在し、体や心《マインド》に必要とされることは何であれ、全体のための全体によって調整されるようになります。

緊急事態があれば、体や心《マインド》はエネルギーを使って対応しなければならないでしょう。しかし、そこに架空の自己はいないので、結果、これまで体験がそれを通して見られていた分離という歪んだレンズを用いて対応することはなくなります。

こうした状況では、体と心《マインド》はその状況で果たすべき役割を果たし、必要とされることは何であれ、効率よく、正確に行います。緊急事態が過ぎ去れば、体と心《マインド》はいかなる余韻や痕跡も残さずに、開かれた、透明で、リラックスした自然の状態に戻ります。

こうして体と心《マインド》は、分離という感覚の逃げ場にならず、その自然な繊細さは無傷のままに保たれます。

同じように、世界もまた、遠く離れ、分離した、不活性の対象物であることをやめます。世界は振動し、活力に満ち、親密で、私たちの活動は常にそれと軌を一にします。なぜなら、私たちの活動は世界の内部で発生し、架空の外部から押しつけられてはいないからです。

幸福は最も高度な、スピリチュアルな実践である

質問：体験の真の性質を実現するために、見かけ上の個人にできることは何もないと言う教師が多くいます。本当でしょうか？

もしそこに分離、つまり「私」は体の内に、体としてあるという信念と、より重要なことに、感覚があるのなら、その信念と感覚は、体験の現実を覆い隠し、分離した自己が「ここに」あり、分離した対象物、他者、世界が「そこに」あるように見せているはずです。

この信念と感覚は、体験の現実を覆っているように**見える**だけで、**実際には**そのようなことは起こっていません。体験の現実は、私たちは限界のない、位置づけられることのない、気づいている現存《プレゼンス》であり、すべての体験に深く浸透していると伝えています。

私たちの真の性質が一見したところ覆い隠されることで、それに本来備わる平安と幸福もま

た覆い隠されてしまいます。幸福が覆い隠されることは、悲しみ、苦しみの体験であり、苦しみには幸福の追求がつきものです。

幸福を求めることがなければ、言い換えるなら、もし現状に完全に満足していれば、そこに苦しみはありません。

このため、「幸福を覆い隠すこと」、「苦しみ」、「幸福の追求」は、どれも同じです。この追求に与えられた別の名前が、「分離した自己」です。

この分離した内側にある自己は実体ではありません。それは抵抗し模索する活動そのもの、つまり、苦しみの活動です。

見せかけの分離した実体が幸福を**追求する**のではなく、見せかけの分離した実体**そのもの**が、幸福の追求なのです。

もし、苦しみが他のすべてと同じように気づきにあらわれるのを見て、それに対して何もできることはないと信じるならば、私たちは自分を誤摩化しています。苦しみは定義上、現状に対する抵抗であり、代わりとなるものの必然的な追求です。現状に対する抵抗がなければ、苦しみもありません。

ですから、もし現状で苦しみを体験しているとしても、その苦しみに対する抵抗が完全になくなってしまえば、苦しみは長続きしません。苦しみは抵抗そのものだからです。こうして、苦しみは瞬く間に幸福に変容します。

実際、苦しみに対するすべての抵抗がやむとすぐに、苦しみは幸福として姿をあらわします。このように、幸福は苦しみの本質ですらあるのです。幸福は、苦しみを含むすべての体験の中心に静かに横たわっていて、認識されることを待ち望み、私たちの抵抗がなくなることを待ち望み、私たちが勇気と愛をもって方向転換をし、苦しみに抵抗したりそれを取り除こうとしたりすることを少しも欲することなく、それに向き合うことを待ち望んでいます。

このため、絶望の淵にあっても、私たちが不幸に完全に取り込まれてしまうことはありません。完全に取り込まれてしまったら、思考が自己を切り離し、苦しみを眺め、苦しみを取り除こうとする隙間さえないはずです。もしそうであるなら、それは完璧な非二元であり、つまり、完璧な幸福であるはずです。

言い換えるなら、完全な苦しみなど存在しません。苦しみは常に、他の何か、架空の未来においてそれを取り除こうとする欲求、つまり、幸福への希求と混ざり合っています。

一方で、他の何かが一切混ざっていない、絶対的な幸福は存在します。それは、私たちの自己です。

8

もしそこに不幸があるのなら、それは、私たちが分離した内側にある自己としての立場をとっているからです。その場合、架空の自己は、不幸を含むすべての物事が気づきにおいて起こっていると主張することはできません。なぜなら、分離した自己は、あるもの——私たちの自己——が気づき**であり**、他のもの——対象物や世界——は気づき**ではない**とする信念だからです。

このため、不幸になって、「すべきことは何もない」と主張するのは矛盾しています。分離した実体は**すでに**ひとつの動きであり、現状の否定、幸福の追求だからです。それこそが、苦しみや模索の活動そのものです。

もし、見かけ上の個人としてすべきことは何もないと考えるのなら、私たちは自分自身を欺いていています。勇気も知性もないために向き合うことのできない不快な感情の上に、「非二元」のベニア板を貼りつけているのです。

こうなると非二元は新たな宗教となり、実際の体験に正直に勇気をもって向き合うのを避けるために、私たちはこれを利用するようになります。この場合は、見かけ上の分離した内側にある自己が非二元の教えを都合よく盗用し、自身を守るために利用しているのです。

こうした立場は単なる信念であり、体の中の感覚として残っている苦しみの深層に触れることはありません。「すべきことは何もない」というこの新しい宗教を熱心に信奉すればするほど、分離した自己は、より安全に体の中に埋め込まれたままになります。

しかし、遅かれ早かれ、胸の内の秘められた場所で苦しみは浮上し、幸福探しを強いるはずです。

もし、見かけ上の個人としてすべきことは何もないと感じているのなら、こうした教えに触れたことがない人たちよりも悪い状況にいることになります。苦しんでいるだけでなく、理由づけによって、苦しみの源、それゆえに苦しみの解決策にたどり着ける道を否定しているのですから。

苦しみの中にあって素直に解決策を求めている人のほうが、自らの体験を探り、苦しみの本質を理解する可能性を秘めています。

苦しみにとって唯一耐えがたいのは、理解されること、はっきりと見つめられることです。苦しみは結局は幻影ですが、そのように見定めるためには、勇気をもってそれに対峙し、はっきりとそれを見つめなければなりません。

苦しみから抜け出す唯一の道は、その真ん中を通っています。もし、この可能性を否定するなら、私たちは行き場を失ってしまいます。それは、受け入れるふりをした否定であり、平安のふりをした怖れです。

真の教えは常に自然発生的で、その時々に必要とされていることに合わせた、さまざまな形態をとることができます。「すべきことは何もない」というのは、教えがとり得る形態のひとつにすぎません。これが、特定の質問や状況に対して、その瞬間における愛と知性の回答として差し出されたならば、それは完璧でしょう。けれど、もしすべての質問に機械的にこのように回答しているのであれば、それは、取り除こうとしている無知を逆に永続させることになってしまいます。実際、このような場合には、その回答は無知が生み出しているのです。

真の教えは言葉そのものにではなく、言葉が生まれ、言葉がそれに満たされている、愛と理解にあります。

言葉は教えの包み紙にすぎません。言葉は大切ですが、言葉の源へと導くかぎりにおいて大切なのです。巧みで鋭敏な師や友人たちの手にかかれば、状況に応じて実にさまざまな手段や表現、時には見かけ上分離した実体とそれに付随するもの、つまり外側の世界を容認するような表現が用いられることもあるはずです。

同様に、もしこうした教えが分別ある知的な分析から生まれ、言葉で非二元の公式を完璧に表現したとしても、体験的な理解や愛を欠いていれば、それは真の非二元とは言えません。非二元は生きた体験であり、機械的な公式ではないからです。

8

では、何をすべきなのでしょう？　理解を求めましょう。知的な理解ではなく、体験的な理解であり、はっきりと見定めることです。

苦しみは無知、つまり、体験の真の性質を無視することから生まれます。これは誤解によって増殖します。そして、はっきりと見つめられることには耐えられません。光にさらされると、影のように消えてしまいます。見つけられることはありません。だからこそ、インドではこれを単に「無知」ではなく、「無知という幻想」と表現するのです。

無知とそれに伴う苦しみは存在しないということを理解するために、すべきことは何でもしましょう。すべきことは状況によってさまざまなはずです。それは各自で見つけることです。

結果として、「すべきことは何もない」、「それをすべき人は誰もいない」という**答え**が導き出されるかもしれません。そうであれば、それは私たちにとっての揺るぎない知識となります。それに関して投げかけるべき質問はなく、それを外部で承認してもらう必要もありません。

けれど、いくつかの非常に稀なケースを除いては、体験的理解にたどり着くためには、心《マインド》のレベルにおける分離への信念を探り、自己が体の内に、体として位置づけられているという感覚をより深く探究することが必要不可欠です。これなしでは、「すべきことは何もない」、「それをすべき人は誰もいない」は単なる新たな信念となり、「非二元」も「無二一元」も、生きた体験的な理解から宗教へと堕してしまいます。

真実はと言えば、唯一の「現存《プレゼンス》」が何であるかを認識したとき、また同時に、分離した実体とその苦しみがこれまでも存在したことはなかったと理解したとき、見かけ上の分離した実体が何をするのかしないのか、という考えは立ち上がらなくなります。

しかし、これを体験的に理解するまでは、私たちにできる最善のこととは、体験の見かけ上の二元性が私たちが望んでいる幸福、平安、愛を覆い隠しているため、それを隅々まで探ることです。つまり、内側の自己と外側の世界を探るということです。

これらは同じコインの裏表ですから、どちらから始めても構いません。しかし、世界の側から始めるのであれば、それを知覚している者について、そして、その見せかけの者に与えられた名前が「自己」であることをすばやく考慮しなければなりません。ゆえに、探究は通常、分離した内側の自己から始めることのほうが多いでしょう。

分離した自己が最初にあらわれる形態は信念です。この信念についてはすでに詳細に述べてきたので、ここでは、分離への信念を探ることは、分離の感情をより深く探ることの序章にすぎないと伝えれば十分でしょう。

この領域に触れている教えはほとんどありません。せいぜいが、こうした感情を引き起こした出来事、たとえば、子どものころ親が何をしたか、しなかったか、恋人が、配偶者が、子どもが、雇い主が私たちをどう扱ったか、などといったことを確かめるだけです。これでは本当に感情を探ることにはなりません。感情の物語を探ってはいるものの、感情そのものを探ってはいません。心《マインド》のレベルにおける調査の一側面にすぎないのです。

一方で、感情は**体**の中に住んでいます。この体の中の感情が、分離という感覚の大部分を担っています。実際、体の中では感情が幾層にも積み重なり、それぞれの層は上の層によって隠され、下に行くほどわかりにくくなっています。

消えてなくなることへの怖れと、何かが欠けているという感情は、分離した内側にある自己の基本形態であり、これらが体を占領し、体の自然な寛大さと透明さを覆い隠す、収縮と緊張と抵抗の網に変えてしまいます。

実際、私たちの真の体とは気づいている現存《プレゼンス》の体なのですが、架空の自己は、この現存《プレゼンス》を堅固で密度のある実体へと変えてしまいました。この密集状態は感情の層から成り立っており、これらの感情は、私たちの姿勢、動き、活動を密かにコントロールし、やがて物理的な肉体の中に安置されます。

分離した内側の自己であるという感情が宿るふたつの主な場所は、考える「私」がいる頭と、感じる「私」がいる胸ですが、これは表面的な分析にすぎません。頭は、目の裏側の見る「私」、耳の内側の聞く「私」、口の中の喋り味わう「私」、鼻で匂いを嗅ぐ「私」といった、緊張状態の植民地となっています。

実際、すべての感覚、それゆえ、すべての感覚的知覚には、頭に、それに対応する「私」の感情があります。そしてまた、胸の領域の感じ愛する「私」、手の中の作る「私」、動く「私」、歩く「私」、何かをする「私」……は、体全体に広がる「私であること」の密度ある多層の布に織り込まれています。体における「私であること」の探究とは、まずはこの分厚い布の正体を明らかにし、続いてそれをほどくことなのです。

体に収められた「私であること」は、幼児期のものまで詰まった箱いっぱいの古い家族写真のようなものです。一番上の写真ははっきりしていてわかりやすいものの、下のほうに行けば行くほど、写真は色褪せていて、ぼやけていて、はっきりしません。

「私」の感情もこれに似ています。わかりやすいものは、よくある感情として頭と胸にあるかもしれませんが、これらがはっきり理解されると、体の中のより捉えにくい「私」の感情の層が明らかにされます。これらの感情にとって耐えがたいのは、はっきりと見られることです。はっきり見られると、それらはその中心に分離した自己などない、単に中立的な身体的感覚として理解され、感じられるようになるからです。

8

こうして黙想することで、感情は、私たちが感情に溺れたり否定したりすることを求めなくなります。言い換えるなら、感情は、抵抗し、模索することをやめるのです。感情は、あるがまま、中立的な感覚であることを許されて、私たちの透明な現存《プレゼンス》の内にあらわれます。

やがて、公平で愛に溢れた黙想において、感覚と、感覚があらわれる現存《プレゼンス》の区別が曖昧になります。勇気をもってこの状態に十分にとどまり、慣れ親しんだ思考と行動のパターンに逃れることをしなければ、感覚とは、この現存《プレゼンス》以外の何ものでもないことが明らかとなります。実際には常にそうだったのですが、今、そのように知られ、感じられるようになったのです。

この体験的理解においてひとつの感情の層が消えてなくなると、次の、体の中のより深い、本質的な「私」の感情により近い層があらわれ、それもまた気づきの光にさらされて、そこに重ねられていた「私であること」から自由になります。

いずれかの時点で、分離した自己という感情の核である、消滅への恐怖と欠乏感があらわになります。なかには、この感情が**最初に**あらわれることもあるでしょう。その場合は恐ろしい体験となり、この体験から自らを守ろうとして萎縮してしまうかもしれません。そうであれば、先に述べたように、改めて少しずつ対峙すればよいでしょう。

これに最初から一気に出合い、そして、私たちの存在の透明な現存《プレゼンス》にすべてを明け渡すという誘いに自らを委ねるに十分な勇気と愛をもっている人もいるかもしれません。この場合は、ほとんどのケースにおいて体の中に感情の余韻が残りますが、それも時間が過ぎるなかで少しずつ、努力を要せずに自然に流れ出ていくはずです。

一方で、徐々に対峙していった場合、恐怖心と欠乏感は劇的にはあらわれず、それに気づかないこともあるかもしれません。そして後に、体の中の分離というしこりがなくなったことに気づくのです。

いずれにせよ、体の中の分離した自己という感情、その重い布の全体が、気づいている現存《プレゼンス》の光に完全にさらされ、捧げられ、あたかもそれに吸収されるかのような時がやってくるでしょう。

今や残っているのは、現存《プレゼンス》そのものがそのものの内に、そのものとしてあることだけです。気づいている現存《プレゼンス》の内にそれとしてあることが瞑想の本質であり、教えの本質です。やがてそれは、生きることの本質になります。

実際、これ以外に必要なことはありません。すべての言葉は、現存《プレゼンス》の内に、現存《プレゼンス》としてあることを指し示すためにあるのです。

心《マインド》のレベルでの探究により、私たちの存在《ビーイング》はそれを覆っていた疑いと信念から解き放たれ、体の奥深くにあった感情の層があらわになります。これらの感情が探究され、溶け出すことで、私たちの存在は、深く埋め込まれた感情の層から自由になり、裸で、ありのままに佇みます。

暴君と化していた自己の独裁から解き放たれ、体と心《マインド》は、開かれ、空で、透明で、繊細なものとして体験され、私たちの存在の本質である幸福、平安、愛を表現し、伝え合い、共有し、祝福することができます。

現存《プレゼンス》にとっては、避けるべきものは何もなく、その完全性に付け足せるものもありません。

これは幸福のシンプルな体験です。

幸福とは単に、私たち自身の存在を知ること、それがそれ自身をありのままに知ることです。

そうと知ったうえでそれとしてあることは、純粋な瞑想であり、最後には人生そのものになります。

言い換えるなら、幸福は、最も高度な、スピリチュアルな実践なのです。

知の光

質問：あなたは繰り返し、気づきが、体、心《マインド》、世界といった対象物を知っていると言っています。けれど、気づきは対象物、自己、実体、他者、世界を知らないとも言っています。矛盾するように聞こえるこのふたつの表現を、どのように調和させればよいのでしょうか？

気づきが対象物を知っているというのは、途中段階の理解であり、それにより、体や心《マインド》が独立した実体で、考え、感じ、知覚する能力をもっているという信念から自由になることができます。主体と客体は分離して存在するというこれまでの信念を解体することができれば、対象物はそれとしては決して知られることがないというより深い理解に触れることができるので、この台詞を捨ててしまっても構いません。

時が経てば、新たに獲得されたこの理解も捨て去ることとなり、私たちは体験の真ん中にあって輝き、自己、実体、対象物、他者、世界を想像する思考の抽象的なシンボルに逃げ込むことはなくなります。

ですから、ふたつの表現は矛盾するものではありません。前者を拡張し、洗練させると、後者になります。

太陽の光は照らすだけでなく、見ることができると想像してみてください。闇夜には、太陽は世界の対象物を見ることはできません。太陽にとっては、あるのは空《くう》を照らす自らの光だけです。夜には、月だけが世界の対象物を見、知ることができます。しかし、月が対象物を見、知るその光は、太陽のものです。

言い換えるなら、対象物は月に照らされ、見られ、知られており、太陽に見られ、知られているわけではないのですが、同時に、それらは太陽の光とともに見られています。

これと同じで、気づきは対象物を知りません。それはそれ自体の空《くう》に輝き、それだけを知っています。同時に、心《マインド》がそれによって対象物を知るように思われる光、つまり「知」は、気づきにだけ属します。

夜になると、対象物を見て知るのに月の存在が必要になるように、目が覚めている状態においては、見かけ上の対象物は、見えるようになるために心《マインド》を必要とします。

夜に、対象物を見て知るのは月だけであって、太陽は対象物と接触しないとしても、そこで本当に見えているのは太陽の光だけであり、何かを見ているのは太陽だけです。

ゆえに、月の視点からすれば、対象物は存在します。けれど、太陽の視点からすれば、何も存在しません。

しかし、月の視点は幻想です。月が世界を見る光は、月自体の光ではありません。月が対象物を見て、知って、照らしているように見えるとしても、実際は違います。それは常に太陽の光です。

対象物が目に見えるようになるためには、太陽の光が月から反射される必要があります。同じように、対象物がそれ自体で現実味を帯びるためには、気づきにだけ属する知が、心《マインド》から反射されるか、もしくは、心《マインド》を通して屈折する必要があります。

太陽の光が月から反射されると、対象物が見えるようになるのと同じで、気づきの知が心《マインド》を通じて屈折すると、それは対象物としてあらわれるのです。

月にとって対象物として見えているものは、太陽にとってはそれ自体の光でしかありません。心《マインド》にとって対象物に見えるものは、気づきにとってはそれ自体の知の光でしかありません。

しかし、そこからさらに進むことができます。月を見るのは何でしょう？　太陽でしょうか？　いいえ、太陽はそれ自体の光を見て、知るだけです。心《マインド》を知るのは何でしょう？　気づきでしょうか？　いいえ、気づきはそれ自体しか知りません。

月は、月の視点から見た場合にのみ、月です。心《マインド》は、心《マインド》の視点から見た場合にのみ、心《マインド》です。

思考、感覚、知覚は、思考の視点から見た場合にのみ、思考、感覚、知覚なのです。

気づきはそのようなことは知りません。気づきは気づき自体を知るだけです。それは純粋な平安です。

師との関係

質問：「存在《ビーイング》」の、自然な開かれた状態へと解き放たれるのを阻む、個人的で盲目的な部分を引き抜き、さらけ出すことについて、どのように捉えていますか？　師にひとつひとつ導いてもらいながら、こうした解放を目指すのがよいと思われますか？

師は、教え子のために何も望んでいないし、教え子から何も望んでいません。師に課題はありません。師とされる人は、教え子とされる人を、師自身、つまり現存《プレゼンス》そのものとして見ています。私自身の体験からすると、師と教え子という見たところの関係性においては、まずこうした姿勢が効果的な作用をもたらします。

長い間、世界は私たちを分離した個人として捉え、結果的に私たちは、個人として考え、感じ、行動することを学んできました。ある日、恩寵によって、もしくは、ハートの奥底からの希求によって（それもまた恩寵です）、私たちは、私たちを分離した個人として捉えず、要求せず、期待せず、真の「自己」として扱ってくれる誰かに出会うかもしれません。

この出会いは、「この人のことが気に入った」という気持ち、友情として捉えられるかもしれません。一緒にいると、くつろいで、自由を感じることができます。理由はわからないかもしれませんが、構いません。くつろぎと自由を楽しみ、状況が許すかぎり、そして、そうしたいだけ、その人と一緒に過ごします。

よくある要求や期待とともに、分離した実体として捉えられないことに、私たちはほっとします。各々にとってそれが意味するものが何であれ、自由に自己自身でいられます。安堵感はわずかで、心《マインド》と体のレベルでリラックスしたように感じるだけのこともあれば、劇的な感覚が訪れて、泣いたり笑ったりすることもあります。

場合によっては、友情が、教えが生じる唯一の形態であるかもしれません。たくさんの会話や説明はほとんど、あるいはまったく必要ありません。一緒にいるだけでよいのです。そうすることで、師のくつろぎと自由が私たちに浸透し、まるで感染して風邪を引いたかのように、その状態を取り込みます。

しかしながら、それはある個人のくつろぎや自由というより、むしろ私たちに本来備わっている性質であり、師の体と心《マインド》はそれにすっかり溶けていて、それが私たちに浸透するのです。

なぜ、どのように、いつ、それが起こったかを知らぬまま、私たちはその中に徐々に定着していきます。細かいことは気にしません。それについて語るのも楽しいかもしれませんが、静かに人生を送り、それについてはほとんど触れずにいてもよいのです。

私の最初の師は、冗談まじりにどのように生まれ変わりたいかと尋ねられたとき、こう答えました。「自己を実現して。しかし、それについて話す必要はなく」

しかし、私たちの多くは、くつろぎと自由の状態がどのようなものか知りたがり、質問を投げかけます。この質問に答える形で教えは発展し、洗練されていきます。このような師と時間をともにする幸運に恵まれるなら、教えとは常に生きたもので、自発的で、何よりもその時々に合ったものであることを理解するはずです。

このように、教えは決して形式的、機械的なものではありません。特定の質問に対して、師は、その場で一連の究明や探究を行ったり、特定の問題の助けとなるようなエクササイズを提示したりするでしょう。けれどそれはやがて、その師と教え子の双方によって忘れられます。実験は、その瞬間において生きていたのです。

師のこのような提言をまとめて特定の方法論やシステムをつくりあげるのは、知識人や専門家だけです。やがてそれは宗教になります。

私が師と過ごしたはじめのころは、特に体や世界の本質に関する探究や実験が楽しくて仕方ありませんでした。まさに体験的でした。しばらくして、師から背中を押され、私は自分ひとりで問いかけ、探究するようになりました。それも興味深く楽しいものでした。

はじめは、自分が正しいところにいることを確認するため、新たな試みに関しては師にも目を通してもらっていましたが、しばらくして師に話すのをやめ、体験を探究する新たな方法を見つけることをただただ楽しむようになりました。一連の論証においても、体と世界の探究においても同じでした。

しばらくすると、教えに関する質問はなくなりました。すべてを知っていたわけではありませんが、私は黄金の鍵を渡され、家へと還る私自身の道を見出すようになっていました。

それからしばらくの間は、世界のより実際的な場面、たとえば、仕事、芸術、人間関係、家族などにおいて、愛と理解はそれ自体をどのように表現しているだろうかという問いだけがありました。けれど、これらについては対話することもなく、師とふたりで、ふたりの性格が出合う形で、ただただ一緒にいることを楽しみました。

私の体験では、師とは、必要とあれば弓矢に手を伸ばすことができるものの、かといって常にそれを握って、いかなる小さな無知であっても見逃さずに射落とそうとしているような人物ではありません。私の体験では、師とは愛と知性の大海のようなものです。この大海にあって、私たちは師という人物に帰依し、次第に、非人格的な現存《プレゼンス》そのものに帰依するようになります。分離した、限界を抱えた実体としての信念と感情はこの現存《プレゼンス》に捧げられ、やがてそこに溶けていきます。どのように溶けるのか、私自身もはっきりとはわかりませんが、それぞれの場合で、それぞれの溶け方があるはずです。

師の現存《プレゼンス》がなくても、こうしたことが起こることはあるでしょう。そのような珍しいケースにおいても、見かけ上の無知を溶かすのは、同じ愛と知性の大海です。

師との関係を思い返してみても、不思議なのです。何が、いつ、どのように、なぜ起こったのかわかりません。残されるのは、愛と感謝に溶け込んだハートだけです。何を愛しているのか、誰に感謝しているのかもわかりません。それを言葉にすることはほとんど不可能です。しかし、生きること全体がこの愛と感謝の表現になっていくため、語ることもまた不要になります。

8

以前、私は師であるフランシスとの関係をうまくあらわした夢を見ました。

この夢の中で、妻のエレンと私は大きな古い家に師とともに滞在していて、翌日、そこを離れる予定でした。私はさようならとありがとうが言いたくて、彼を捜し始めました。しばらくして私と師は、違うドアから同時に家の中心にある小さな部屋に入りました。

目と目があって、私たちはやさしく微笑みを交わしました。私は駆け寄って彼を抱きしめ、私たちはしばししっかりと抱き合いました。

私たちの腕がまだお互いを抱きしめている間、私はフランシスの背中をさすりながら穏やかに、「ありがとう、ありがとう、ありがとう」と言いました。最後の「ありがとう」を言い終えたとき、私はバランスを崩しました。夢の中では彼のほうが背が高かったので、私はつま先立ちをしていたのです。船酔いしているかのようにふらふらし、何か固いものをつかもうと腕を伸ばしました。その時、私の内側にある何かが、「いけない、固いものをつかんではいけない。完全に手放して」と言いました。この言葉がこだまするなか、ふたりの体はお互いへと溶け出し始め、しばらくすると完全に溶け合ってひとつになりました。私たちは、時間を超えて、この状態にとどまりました。しばらくすると、私たちそれぞれの体があらわれ、再びそれぞれの形をとり始めました。まもなく、私たちはまたいつものようにお互いの前に立っていました。それから、フランシスは私にこう言いました。「他の人に伝えるとき、光を生むのは誰なのかを伝えるのを忘れないように」と。私たちはさようならを言って別れました。

8

質問：インドの伝統では、教えとは、グルや師が教え子の能力に合わせて活性化させる洞察力やエネルギーの伝導だとされています。言葉を使っても使わなくてもよいのですが、言葉が主な導管ではありません。学びの過程で、感じたことを他の人たちと共有するのもよいのですが、真摯な自己探究が意見の食い違いに陥ることも多いと感じています。何かコメントはありますか？

言葉は教えの主な導管ではないというのは正しいでしょう。言葉は教えの表層でしかありません。

しかし、言葉には、抽象的な音の組み合わせ以上の何かがあります。「こんにちは」と言うのに星の数ほどの言い方があることを私たちは知っています。そのようなさまざまな言い方は、世界に意味と深みを与えます。実際、言葉そのものではなく、その言葉をどのように発するかが大切なのです。同じように、理解の本質を伝えるため、師や教えはさまざまな形をとることができます。

複雑なコミュニケーションよりも影響力をもっているのは、沈黙であり、愛であり、理解です。言葉はそこから生まれます。言葉が沈黙から生まれたのなら、それらは沈黙を宿しており、聴く人のハートにその沈黙を届けます。その人は、ハートの中に沈黙の種が植えられたことに気づかないかもしれません。それが私たちの中で育ち始めたとき、心《マインド》は何かが変わったことを察知します。この種がいつ、どのように植えられたのか、私たちが知る必要はなく、知ることもできません。

それは恋に落ちるようなものです。なぜあの特定の顔が、あの特定の笑顔が、愛を深く喚起するのでしょう？　私たちには知る由もありません。

この愛が私たちの内に喚起されるとき、それは、ずっと知っていたのに忘れていた何かであるような感覚ではないでしょうか？　この愛は、私たちが最も親密に感じ、最もよく知っているものと認識されるのではないでしょうか？　私たちはこのために、その人物のためではなく、この愛のために生きているのだと知るのではないでしょうか？

教えや師との関係も同じです。教えや師がもっている、「絶対」への愛の目覚めを突如引き起こすように見えるものとは何なのでしょう？　私にもわかりません！　その視線や言葉やしぐさはどうやってハートを溶かすのでしょう？　私にもわかりません！

十代の頃には、恋人のおかげで愛があるのだと思われるように、この愛も、師のおかげでそこにあるのだとはじめは感じられるかもしれません。けれどやがて、師や教えがなくとも、この香りは続くようになります。師や教えについて思い出すだけで、ハートに生きる愛を目覚めさせるのに十分になるはずです。

時が経てば、師や教えについて考えることすら必要ではなくなります。愛は愛によって、愛に目覚めます。実のところ、それは常にそうだったのです。師、教え、恋人、子どもといった愛おしい存在は、見かけ上の実体をハートへと引き戻すために愛がまとった姿だったのです。

エピローグ

五十回目の年が来てまた去った。
私はひとりの侘《わび》しい男で、
混み合うロンドンの店に坐っていた、
大理石張りのテーブルの上に
読みさしの本と空のカップを置いたままで。

こうして店や通りをながめていると
とつぜん、私の体が燃えあがった。
二十分かそこいらは、この浄福が
あまりにも大きくて、私は祝福に恵まれ、
祝福を授けることができるかと思った。

W・B・イェイツ
（高松雄一編『対訳 イェイツ詩集』岩波文庫より）

体験の中心へ

これまでに体験されたのは、体験することの体験だけです。体験を体験するのは何でしょう？　体験だけです。それはそれ自体を体験し、知ります。この純粋な体験こそ、私たちそのものです。それは、私たちの存在《ビーイング》の親密さに満たされています。

そこには私たちの自己、純粋な体験だけがあって、体験の全体性を形づくっていますが、それはそれ自身ではないもの、つまり体、心《マインド》、世界としてはそれを知りません。

体、心《マインド》、世界は、心《マインド》の視点から見た場合にのみ存在します。しかし、心《マインド》の視点は、夢の中やテレビドラマの登場人物の視点のように、架空の視点です。

このような視点が現実味を帯びるのは、架空の分離した自己の架空の視点から見た場合だけです。

実際には視点（point of view）はありません。そこには視界（view）があるだけで、その視界のあらゆる部分は（現実においては、視界は部分からできていませんが）、見ること、体験することに満たされています。それは、見ること、体験することだけでできています。

言い換えるなら、視界はそれ自体を見ますが、対象物として見るのではありません。あまりにも近く、あまりにも親密であるため、それ自体を**何か**として、たとえば視界や対象物として見たり知ったりすることはできません。体験はそれ自体にあまりにも近いため、自らを体、心《マインド》、世界として知ることはできないのです。

体験によるそれ自体の体験とは何でしょう？　窓の外を見てみましょう。時間を超えた瞬間に――つまり、いつもここにある今――思考が立ち上がって「木」、「家」、「車」、「人」と言い出す前、思考が「感覚」、「知覚」と言い出す前、思考が「感じること」、「知覚すること」と言い出す前、さらには、思考が「これは思考だ」と言い出す前、そこにある体験とは何でしょう？

そこで体験されるすべてが体験であり、心《マインド》はその場所に行くことはできません。思考は体験の真の要素に名前をつけることはできません。そうするためには、体験は体験から分離した知る者になって、体験を振り返らなければなりません。それこそが内側にある自己、架空の分離した、体験を知る者です。

架空の心《マインド》だけがそうしたことができるように見えるのですが、実際には、心《マインド》が想像の中でそうしているだけです。

現実には、そのようなことは起こっていません。心《マインド》は、心《マインド》の視点からのみ心《マインド》です。体験そのものの視点から言えば、体験はそれ自体にとても近く、とても親密であるため、立ち上がってそれ自体を体験としてさえ知ることはできません。

他者性を知らず、対象物を知らず、自己、実体、他者、世界を知らないその親密さこそが、愛の体験です。

こうしたことを複雑で、抽象的で、理解不能と感じ、哲学的な戯言として無視する人もいるでしょう。一方、ずっと知っていたのにしっかりと見極めることのなかった何かがはっきりしたと感じる人もいるでしょう。ここに書かれていることを読んでいると、それがあまりに馴染み深く、正確に自らの体験を描写しているので、まるで自分でこの本を書いたかのように感じることもあるでしょう。

体、心《マインド》、世界が理解へと溶け込むと、私たちはこの理解を愛として知るはずです。「何か」を知ろうとして、時おり心《マインド》が立ち上がるかもしれませんが、心《マインド》は努力することなく、その都度この愛と理解に溶けていくでしょう。

時には、その瞬間の親密さと即時性に完全に浸されて、静けさの中に佇むこともあるでしょう。個人として浸されるのではなく、この即時性と親密さだけを知り、これが過ぎゆくものでありながら永遠であり、意味はないけれど価値があり、脆くあると同時に不滅であり、対象物としては現実ではないけれど、愛としては完全に現実であることを感じるはずです。

そして、電話が鳴れば、その瞬間にしたいことは電話に出ることだけだと知りながら受話器を取り、ポテトチップが欲しいと子どもが言えば、自分がしたいことはポテトチップを買うことだけであり、朝起きて顔を洗うときには、望むのはお湯の温かさを肌で感じることだけ……。触るもの、見るもの、聞くもの、それが何であれ、私たちはそのすべてに触れ、見て、聞くことで祝福し、同時に、私たちもまたそれによって祝福されるのです。

私たちは抵抗したり模索したりする動機を少しももたず、自分自身を生きることの中心として、生きることの中心に見つけます。画家が筆を取って、顔を、景色を、瓶を描く動機、つまり、一筆ごとに、すべての体験に染みわたる親密さ、響き、生気、愛を表現しようとする動機、それはすべて体験なのだと理解します。

私たちは、世界が溶け込む容器をつくろうとする、その気持ちを理解します。筆跡に、旋律に、笑顔に、足取りに、しぐさに、愛がどのように注がれているのかを理解します。このヴィジョンこそが**すべての**ものを美しくする、つまり、すべての見かけ上のものたちを美に溶かすのだということを知ります。私たちが見ること、行うことは、すべて神聖です。

体験の中心には、開かれた扉があります。体験から逃れるための扉ではありません。それは私たちを、体験の中心の奥深くへと誘い、そこでは体験そのものも慣れ親しんできた名前と形態を失います。

私たちは、これらの慣れ親しんだ名前や形態が私たちを体験から遠ざけ、あらゆる体験の自然な状態である親密さ、愛を覆い隠していたことを悟ります。心《マインド》は、この扉を通り抜けることができません。それがどこにあるのかすら知りません。それは、体験の中心にしっかりと隠されているのです。

体験の中心には、私たちが知るすべてを焼き尽くし、すべてをそれ自身へと還す炎が燃えています。

すべてをこの炎に捧げましょう。

この炎こそが、平安と幸福の体験であり、すべてはここにたどり着くことを運命づけられています。そして、すべてはここから進んでいきます。

これこそが、これまでの人生でずっと望んでいたことであり、私たちはここで、それがすべての体験の中心で輝いているのを見つけるのです。

●著者紹介

ルパート・スパイラ　*Rupert Spira*

幼少の頃から現実の本質に多大な関心を寄せていた。20年以上にわたりピョートル・ウスペンスキー、ジドゥ・クリシュナムルティ、ルーミー、シャンカラチャリヤ、ラマナ・マハルシ、ニサルガダッタ・マハラジ、ロバート・アダムスらの叡智を探究した後、1996年、彼の師となるフランシス・ルシールに出会う。ルシールの導きにより、ジャン・クライン、アートマナンダ・クリシュナメノンらの教えに触れ、さらには経験の真の性質を知るに至る。現在はイギリスに暮らし、ヨーロッパおよびアメリカ各地で、ミーティングやリトリートを定期開催している。

ホームページ：http://www.rupertspira.com/

●監修者紹介

溝口 あゆか

早稲田大学第一文学部卒。留学で訪れたイギリスでセラピーの世界に触れ、現地でヒーリング、セラピー、カウンセリングなどを学ぶ。現在、心理カウンセラー、セラピストとしてイギリスと日本で心理学やEFT、マトリックス・リインプリンティングなどセラピーコースを開催。「インテグレイテッド心理学」を提唱し、非二元（悟り）の観点からの人間の心のしくみを教えている。著訳書に、『「わたしはわたし！」セルフ・ラブで幸運の扉を開ける15の鍵』（ジュリアン）、『地球の魂「ガイア」の教え』（訳書、幻冬舎）など、計7冊。

ブログ：「Care of the Soul 魂のケア」 http://ayukablog.wordpress.com/

●訳者紹介

みずさわ すい

国際基督教大学卒。映画配給会社、レコード会社の宣伝を経て、現在は文筆に携わる。スピリチュアリティにまつわる作品の翻訳、宇宙と人間をつなぐメソッドとしての占星術を紐解くコラムの執筆などを展開中。訳書に、『この星の守り手たち』（ワタナベアキコ訳）、『スピリテッド』、『神秘体験』（すべてナチュラルスピリット刊）。

ホームページ：http://suimizusawa.petit.cc

プレゼンス

第1巻
安らぎと幸福の技術

●

2014年2月19日初版発行

著／ルパート・スパイラ
監修／溝口あゆか
訳／みずさわすい
編集・DTP／畑中直子

発行者／今井博央希

発行所／株式会社ナチュラルスピリット
〒107-0062　東京都港区南青山5-1-10
南青山第一マンションズ602
TEL 03-6450-5938　FAX 03-6450-5978
E-mail: info@naturalspirit.co.jp
ホームページ http://www.naturalspirit.co.jp/

印刷所／中央精版印刷株式会社

ISBN 978-4-86451-109-4　C0010
落丁・乱丁の場合はお取り替えいたします。
定価はカバーに表示してあります。